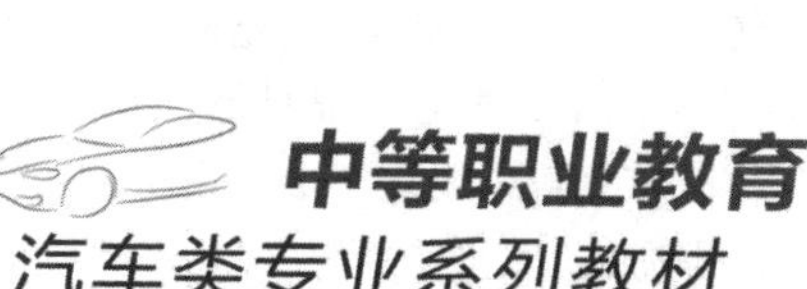

中等职业教育
汽车类专业系列教材

汽车电气设备构造与维护

主　编＼唐舒和
副主编＼余　强　刘琦琪
编　者＼王　勇　余　强　李德尧
唐明碧　唐舒和　刘琦琪
尹云聪　肖志强

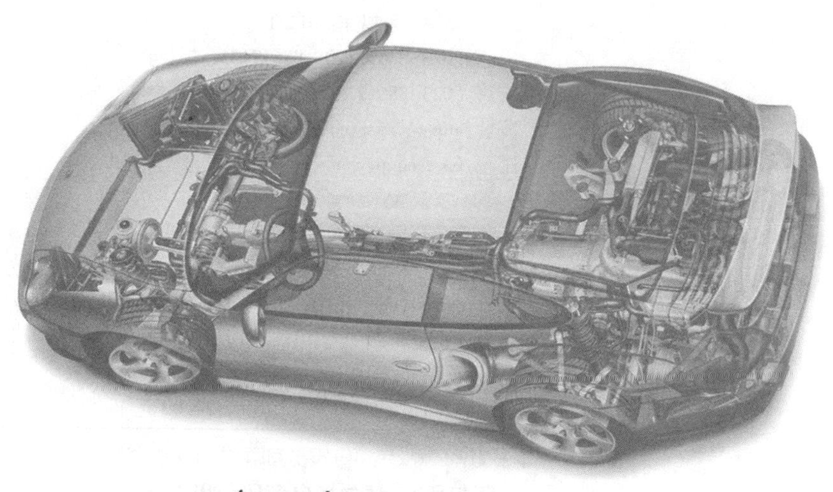

重庆大学出版社

内容提要

本书以模块化教学方式，介绍了汽车电气设备的主要系统和部件的结构、原理及作用等。全书共分为6个项目，主要内容包括汽车电气设备的特点和发展（绪论）、汽车蓄电池、启动系统、充电系统、点火系统、照明仪表及辅助电气设备的工作原理、结构以及使用与维护。本书内容浅显易懂，图文并茂，理论与实践相结合，从中职学生的学习特点和岗位实际需求出发，在完整讲述汽车电气设备（原理、结构、作用）的情况下，尽可能地降低难度，以激发中职学生的学习兴趣。

本书可作为中等职业学校汽车制造与检修等相关专业的教学用书，也可作为相关行业岗位的培训教材和汽车维修人员的自学用书。

图书在版编目（CIP）数据

汽车电气设备构造与维护 / 唐舒和主编. -- 重庆 :
重庆大学出版社, 2018.12
ISBN 978-7-5689-1276-1

Ⅰ. ①汽… Ⅱ. ①唐… Ⅲ. ①汽车—电气设备—构造—中等专业学校—教材②汽车—电气设备—车辆修理—中等专业学校—教材 Ⅳ. ①U472.41

中国版本图书馆 CIP 数据核字（2018）第 229737 号

汽车电气设备构造与维护

QICHE DIANQI SHEBEI GOUZAO YU WEIHU

主　编　唐舒和
副主编　余　强　刘琦琪
策划编辑：袁文华
责任编辑：姜　凤　　版式设计：袁文华
责任校对：王　倩　　责任印制：张　策

*

重庆大学出版社出版发行
出版人：易树平
社址：重庆市沙坪坝区大学城西路 21 号
邮编：401331
电话：(023)88617190　88617185（中小学）
传真：(023)88617186　88617166
网址：http://www.cqup.com.cn
邮箱：fxk@cqup.com.cn（营销中心）
全国新华书店经销
重庆市正前方彩色印刷有限公司印刷

*

开本：787mm×1092mm　1/16　印张：9.5　字数：203 千
2019 年 1 月第 1 版　2019 年 1 月第 1 次印刷
印数：1—3 000
ISBN 978-7-5689-1276-1　定价：24.00 元

前言

本书依据《教育部关于加快发展中等职业教育的意见》的文件精神，结合教育部《面向21世纪教育振兴行动计划》和中等职业学校《汽车运用与维修专业教学指导方案》，参照相关行业岗位标准，组织了多名具有丰富教学和实践经验的老师共同编写而成。

现在的汽车越来越智能化，汽车上的电气设备也越来越多。特别是近年来随着电子技术的发展，汽车上出现了大量的电子、电气控制系统，汽车电子化、自动化程度的高低已成为国际上衡量汽车水平先进与否的重要标志，电子装置的成本占整车成本的比例也越来越高。

本书以模块化教学方式，系统地阐述了汽车电气设备在现代汽车上的应用，包括汽车电气设备的主要系统和部件的结构、原理及作用等。全书共分为6个项目，主要内容包括汽车电气设备的特点和发展(绪论)、汽车蓄电池、启动系统、充电系统、点火系统、照明仪表及辅助电气设备的工作原理、结构以及使用与维护。

本书的主要特点如下:一是根据中职学生的需求和实际情况，结合专业职业能力，以项目为板块，系统性地讲述了汽车电气设备的各部分;二是内容简洁明了，图文并茂，任务明确;三是每个项目后都附有练习题，帮助学生巩固知识和测试练习，也便于阶段性复习;四是突出了实用性和可操作性，使理论与实践教学一体化。

本书参考学时为 92 学时，教学内容与学时分配表如下：

项　目	项目内容	学　时
项目一	绪论	10
项目二	汽车蓄电池	14
项目三	启动系统	16
项目四	充电系统	16
项目五	点火系统	18
项目六	照明仪表及辅助电气设备	18
课时总计		92

本书由大足职业教育中心教师唐舒和担任主编，余强、刘琦琪担任副主编，参与编写的人员还有王勇、李德尧、唐明碧、尹云聪等。项目一由余强和王勇编写，项目二由李德尧和唐明碧编写，项目三由余强和尹云聪编写，项目四和项目六由唐舒和编写，项目五由刘琦琪、肖志强和唐舒和编写。

由于编者水平有限，书中不妥之处在所难免，恳请读者批评指正。

编　者

2018 年 8 月

目录

项目一　绪　论

【项目描述】

电在人们生活中已成为必不可少的元素。在汽车上，电气设备的使用也越来越多。人们对汽车的安全性、可靠性、智能化和节能减排的要求也日益提高。汽车电气设备的组成、特点、作用和发展趋势，是每位汽车类专业学生必须学习的重要内容。本项目将从汽车电气设备的发展历程和趋势、汽车电气系统的特点及汽车电气设备的作用与组成 3 个方面进行阐述。

【学习目标】

- 掌握汽车电气设备的组成及各部分的作用；
- 理解各种汽车电气设备的特点；
- 了解汽车电气设备的发展历程和趋势。

【技能目标】

- 能正确识别各类电气设备，并了解其有何作用；
- 能拆装部分电气设备。

任务一　认识汽车电气系统的特点、组成及作用

一、汽车电气系统的特点

1. 低压

使用汽油发动机的汽车多采用 12 V 电压供电，而使用柴油发动机的汽车多采用 24 V 电压供电。

2. 直流

直流主要从蓄电池的充电来考虑，用电设备均为直流供电。

3. 单线制

单线制即从电源到用电设备使用一根导线连接，而另一根导线则用汽车车体或发动机机体的金属部分代替（图 1.1）。单线制可节省导线，减小车身质量，使线路简化、清晰，便于安装与检修。

图 1.1　单线制

图 1.2　双线制

【知识扩展】

双线制是日常生活中常见的连接用电设备方式，用两根导线完整地连接用电设备，并对用电设备供电。

【想一想】

请对比图 1.1 和图 1.2，说出有何不同？

4. 负极搭铁

采用单线制时,电源(蓄电池和发电机)的一个电极必须与充当公共导线的车架、车身、发动机机身等金属机体相连接,俗称“搭铁”。将蓄电池的负极与车体相连接,称为负极搭铁;反之,则称为“正极搭铁”。我国和大多数国家一样规定采用“负极搭铁”(图1.3)。

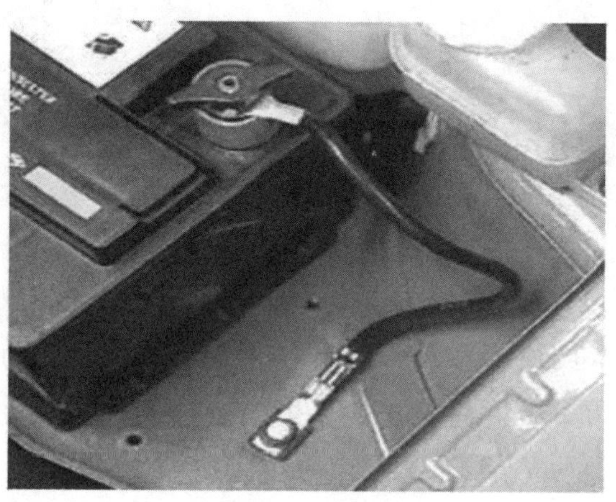

图1.3 负极搭铁

二、汽车电气设备的组成及作用

汽车电气设备主要由蓄电池、启动系统、充电系统、点火系统、照明系统、信号系统、仪表及辅助电气设备等组成。汽车电气设备会直接影响汽车的动力性、可靠性、经济性、安全性、舒适性等方面的性能。由此可见,汽车电气设备在汽车上有着不可或缺的地位。

1. 蓄电池

蓄电池是一种提供和储存电能的化学装置(图1.4)。在汽车上使用较广泛的是启动用铅蓄电池,它与发动机并联,向用电设备供电。蓄电池的作用如下:

①当发动机启动时,向启动系统、点火系统、电子燃油喷射和其他电气设备供电。

②在发动机不运转或运转低的情况下向用电设备供电。

③当用电设备同时接入较多、发电机超载时,协助发电机供电。

④长期储存电能。

⑤蓄电池还可吸收电路中的瞬时过电压和稳定汽车电气系统电压。

【找一找】

在不同车型上查找蓄电池,看看它们有哪些区别?

2. 启动系统

启动系统由蓄电池、启动机和启动控制电路组成。启动控制电路由启动按钮或开关、启动继电器等组成;启动机由直流电动机、传动机构、控制机构组成(图 1.5)。启动系统的作用是启动发动机。

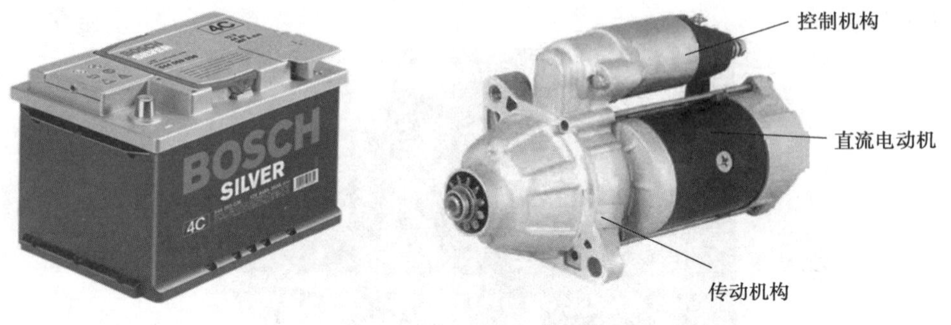

图 1.4　蓄电池　　　　图 1.5　启动机

蓄电池带动启动机转动和向火花塞供电等,而启动机则带动发动机飞轮转动,飞轮带动活塞进行往复运动启动发动机。

3. 充电系统

充电系统由蓄电池、发电机、电压调节器、传动带、充电指示灯等部件构成。充电系统的作用是将发动机的机械能转换给蓄电池充电和电器附件工作的电能。

当启动发动机时,由蓄电池供给启动系统和点火系统所需的全部电流。随着发动机的正常运转,充电系统产生比蓄电池更高的电压。此时,充电设备除给电气设备供电外,还向蓄电池充电。当用电量大时,蓄电池和充电系统一起向用电设备供电。

4. 点火系统

点火系统包括点火开关、点火线圈、分电器总成、火花塞等,其作用是产生高压电火花,点燃汽油机发动机汽缸内的混合气(图 1.6)。

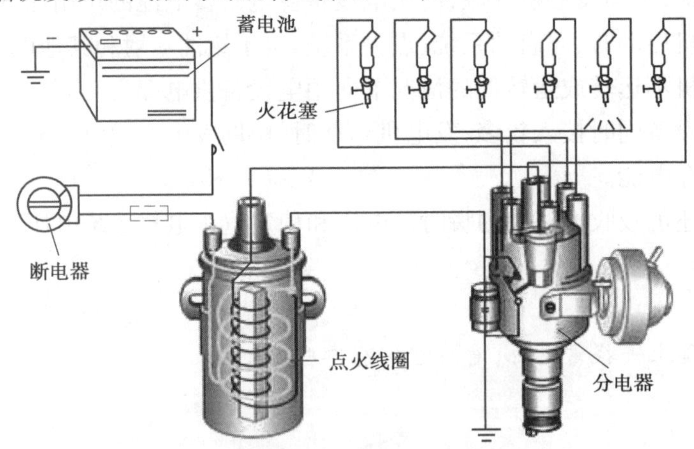

图 1.6　点火系统

在现代汽油发动机中，汽缸内燃料和空气的混合气大多采用高压电火花点火。电火花点火具有火花形成迅速、点火时间准确、调节容易以及点燃可燃混合气等优点。为了在汽缸中产生高压电火花，必须采用专门的点火装置。

5. 照明系统

照明系统包括汽车内外各种照明灯及其控制装置，其作用是保证夜间行车安全以及提醒、警示、照明乘客。照明系统主要有前照灯、雾灯、尾灯、制动灯、棚灯、电喇叭、转向灯、闪光器等（图 1.7）。

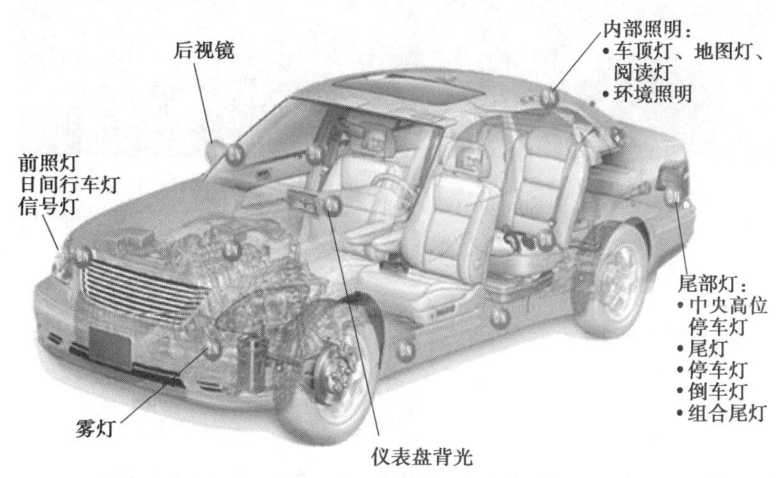

图 1.7　照明系统

6. 信号系统

信号系统包括喇叭、蜂鸣器、闪光器及各种行车信号标识灯，用来保证车辆运行时的人车安全。

7. 仪表及辅助电气设备

（1）仪表

仪表包括各种电器仪表（电流表、充电指示灯或电压表、机油压力表、温度表、燃油表、车速及里程表、发动机转速表等），用来显示发动机和汽车行驶中有关装置的工作状况。

仪表的作用是帮助驾驶员随时掌握汽车主要部分的工作情况，及时发现和排除可能出现的故障和不安全因素，以保证良好的行驶状态。汽车常用仪表有水温表、发动机转速表、发动机机油压力表、燃油油量表及车速里程表，有的汽车还有制动系统储气筒气压表等（图 1.8）。

（2）辅助电气设备

辅助电气设备包括电动刮水器、空调器、低温启动预热装置、收录机、点烟器、玻璃升降器等。随着汽车辅助工业的发展和现代化技术在汽车方面的应用，现代汽车装用的辅助电气设备很多，除了汽车音响设备、汽车通信器材和汽车电视等服务性装置外，还有一些与汽车本身使用性能有关的电气设备,如电动刮水器、电动洗窗器、电动玻璃升降器、暖风通风装置、电动座位移动机构、发动机冷却系统电动风扇、电动燃料泵、冷气压缩机用电磁离合等。

图1.8　仪表及辅助电气设备

【找一找】

在汽车上查找常用的照明设备。

任务二　了解汽车电气设备的发展历程和趋势

一、汽车电气设备的发展历程

汽车被人们创造出来时,几乎没有电气设备。随着汽车技术的不断提高,其动力性、经济性、安全性、舒适性、操纵性和排放等性能越来越强,汽车上使用的电气设备也越来越多。汽车电气设备的发展与电子技术的发展及其在汽车上的应用是密切相关的。

纵观汽车200多年的发展历史,汽车的发展也伴随着汽车电气设备的发展。1769年,第一辆蒸汽汽车问世(图1.9)。1825年,第一辆蒸汽公共汽车被戈尔沃斯·格尼公爵制造出来(图1.10)。

图1.9　蒸汽汽车

之前制造的汽车几乎没有电气设备,直到1886年,第一辆三轮内燃机汽车(德国奔驰,图1.11)被卡尔·本茨生产出来,才开始逐步发展汽车电气设备。

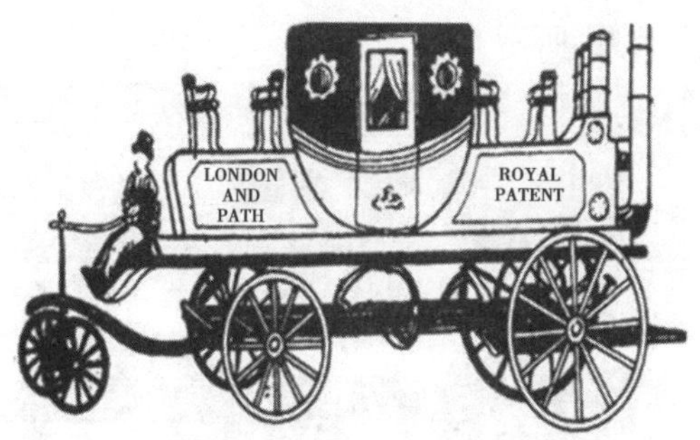

图 1.10　蒸汽公共汽车

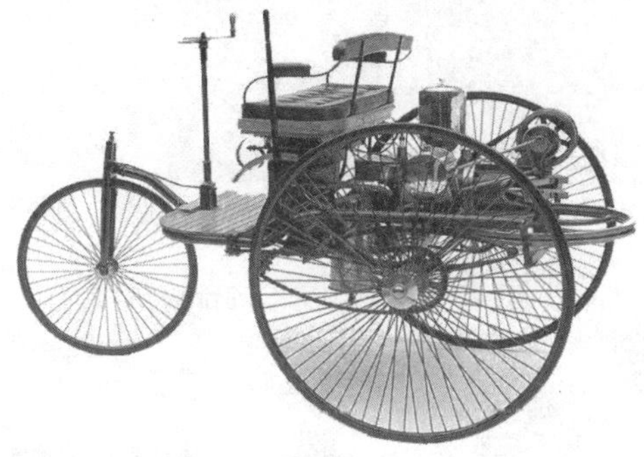

图 1.11　三轮内燃机汽车

1894 年,奔驰碧罗汽车采用了煤油灯照明(图 1.12)。1902 年,美国奥兹莫比乐汽车上采用了电气照明灯照明(图 1.13)。

图 1.12　奔驰碧罗汽车

图 1.13　奥兹莫比乐汽车

现代房车内部设备,如图 1.14 所示。

现代房车座椅,如图 1.15 所示。

现代房车内部,如图 1.16 所示。

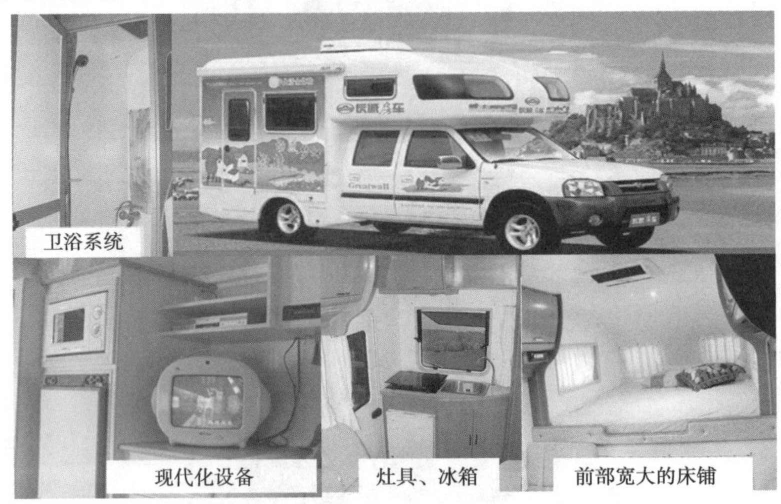

图 1.14　现代房车内部设备

图 1.15　现代房车座椅

图 1.16　现代房车内部

近百年来,汽车电气设备主要经历了 4 个发展阶段。

第一阶段,从 20 世纪 50 年代初到 70 年代初,主要是开发由分立元件和集成电路组成的汽车电子产品,应用电子装置代替传统的机械部件,如集成电路调节器、电子点火器等。

第二阶段,从 20 世纪 70 年代中期到 80 年代中期,主要是发展专用的独立系统,电子装置被应用到某些机械装置所无法解决的复杂控制功能方面，如电子控制汽油喷射系统、制动防抱死系统等。

第三阶段，从20世纪80年代中期到90年代中期，主要是开发可完成各种功能的综合系统及各种汽车整体系统的微机控制，如集发动机控制与自动变速器控制为一体的动力传动系统控制、制动防抱死与防滑转控制系统等。

第四阶段，从20世纪90年代中期开始，主要是研究发展汽车的智能控制技术与网络控制技术，更好地实现控制的实时性、可靠性以及各控制系统之间的资源共享和协调控制。

汽车电气设备的发展主要表现在3个方面，即部分传统电气设备实现微机控制、发动机和底盘许多机械部分实现微机控制、微机控制新设备不断出现。

二、汽车电气设备的应用

随着汽车工业与电子工业的不断发展，电气设备在现代汽车上应用越来越广泛，汽车上原有的机械控制装置逐渐被电气设备所取代，使汽车在安全、节能、环保、舒适等方面都有长足的进步。纵观近几十年来汽车技术方面的重大成就，从最初的"自动驾驶仪"的构想到现在的"智能运输系统"的发展研究，几乎是依赖电气设备的不断完善和进步。汽车电气设备的应用对改进汽车性能、提高行驶安全、降低污染、节约能源有着非常重要的作用，未来汽车性能的提高和品种的创新在很大程度上取决于电气设备的应用程度。目前，汽车电气设备程度的高低已成为国际上衡量汽车先进水平的重要标志。电气设备整车成本占比不断上升，根据中投顾问产业研究中心的预计，2020年汽车电气设备的成本占整车的成本比重将达到50%。豪华车辆上的电气设备的成本所占整车的成本比例更高，设备也更复杂。目前电气设备的应用几乎已深入到汽车的所有系统(图1.17)。

汽车电子控制系统包括发动机电子控制系统(图1.18)、车身电子控制系统(图1.19)和底盘电子控制系统(图1.20)3个部分。

三、我国汽车电气设备的发展趋势

随着我国国民收入水平的不断提高，汽车购买群体已从城市延伸到农村，从东部扩展到西部，直接刺激了中国汽车工业发展，汽车保有量继续保持快速增长态势。根据公安部提供的数据，2017年全国汽车保有量达2.17亿辆，与2016年相比，全年增加2 304万辆，增长11.85%。另据中国汽车工业协会统计，2017年我国汽车产销量分别为2 901.5万辆和2 887.9万辆，同比分别增长3.2%和3%。其中，乘用车产销量分别为2 480.7万辆和2 471.8万辆，同比分别增长1.6%和1.4%；商用车产销量分别为420.9万辆和416.1万辆，同比分别增长13.8%和14%。预计2020年中国汽车产量将达到3 300万辆，这个规模超过了整个英国的汽车保有量。庞大的汽车规模将给汽车电子产业带来无限的发展空间。

近二三十年来，随着电子信息技术的快速发展和汽车制造业的不断变革，汽车电气设备的应用和创新极大地推动了汽车工业的进步与发展，对提高汽车的动力性、经济性、安全性，改善汽车行驶的稳定性和舒适性，降低汽车排放污染、燃料消耗起到了非常重要的作用，同时也使汽车具备了娱乐、办公和通信等丰富的功能。近十年来，汽车产业70%的创新来源于汽车电气设备及其产品的开发应用，汽车电气设备的应用水平已成为衡量汽车档次水平的主要标志之一，其应用程度的提高是汽车生产企业提高市场竞争力的重要手段。现代汽车电子集电子技术、汽车技术、信息技术、计算机技术和网络技术等于一体。

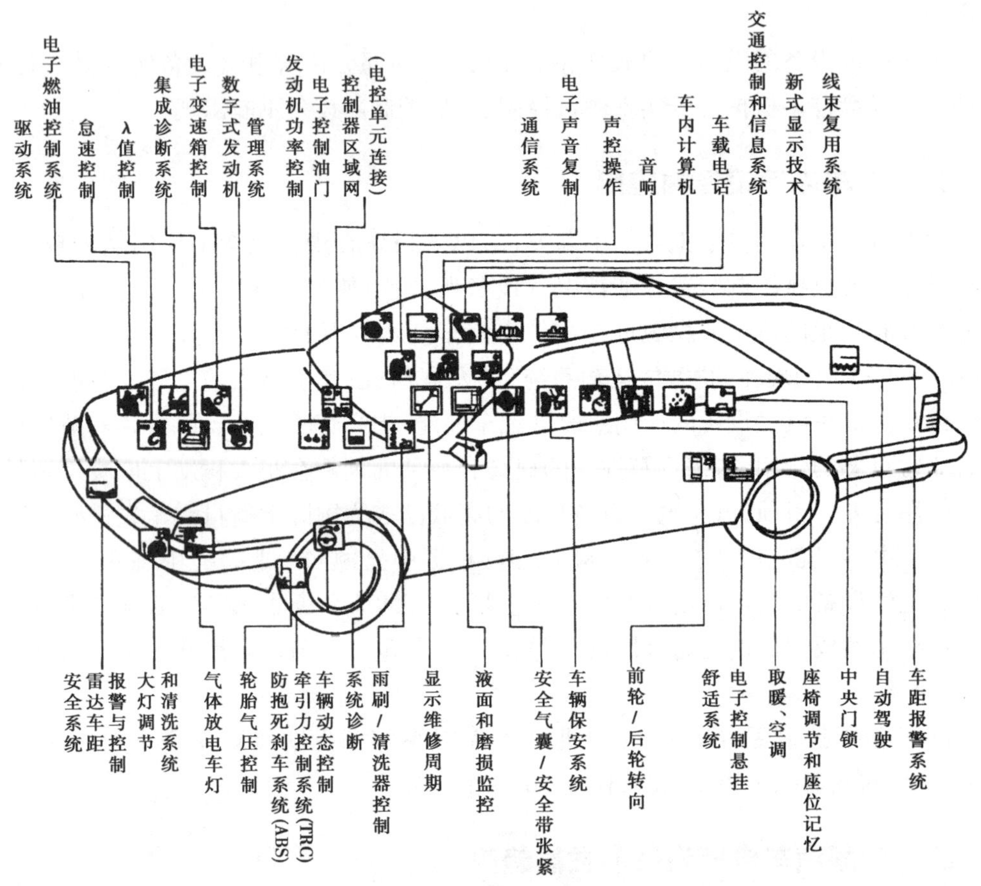

图1.17　汽车电气设备位置

图1.18　发动机电子控制系统

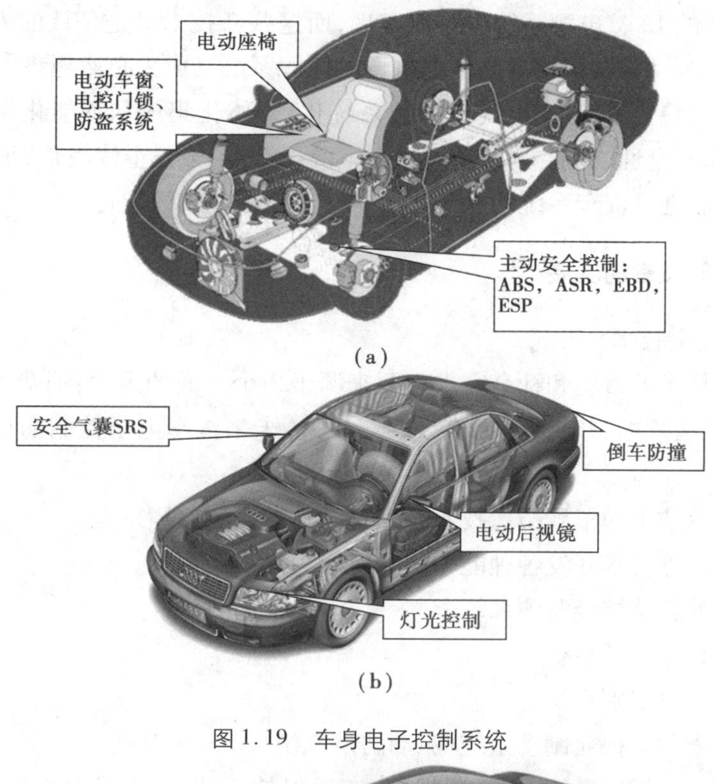

图 1.19 车身电子控制系统

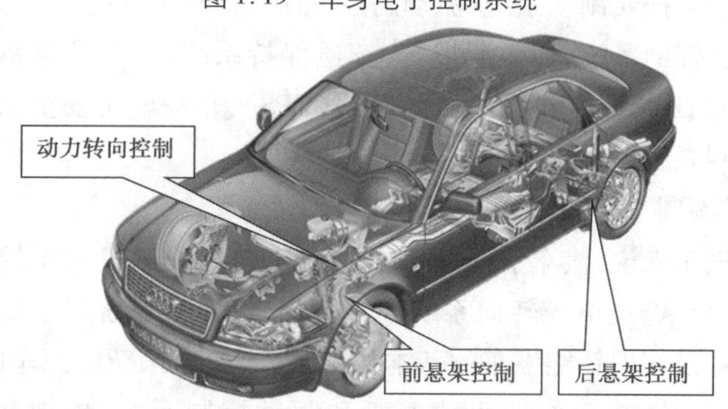

图 1.20 底盘电子控制系统

随着人们对汽车的安全、环保、舒适、娱乐等要求的不断提高，电气设备和汽车工业达到了空前的紧密结合，汽车电气设备趋于集中化、智能化。汽车电气设备是用来开发新车型、改进汽车性能最重要的技术措施。汽车制造商认为，增加汽车电气设备的数量，促进汽车智能化、便捷化是夺取未来汽车市场重要的有效措施。

汽车电气设备的发展主要包括车载多媒体系统、驾驶员信息系统、语音系统、智能交通系统（ITS）、车辆导航系统（如 GPS/DGPS 等）、计算机网络系统、状态监测与故障诊断系统等。

随着汽车电控技术的不断发展，汽车电气设备在整车中所占比例和相应的耗电量也在不断提高。使用现有的 12 V 电源系统供电能力趋于饱和或不足，无法满足未来汽车设计中新增电气设备用电量的需求。例如，无凸轮轴电磁式电控配气相位机构、飞轮复合式启动—发电机系统、电加热三效催化转化器以及新型电力制动和电力转向系统等,在传统的 12 V 电源系统中难以实现,而这些新技术又是公认的未来汽车技术发展的重要方向。因此,采用更高供电电压的电源系统已成为必然趋势。

从市场发展趋势看,汽车电气设备的系统化、一体化集成和智能化是 3 个必然方向,会沿着汽车安全性、节能减排、舒适便捷(增强性能)3 条主线发展,而贯穿这 3 条主线的技术主流则是汽车系统的电子化、系统化、集成化和智能化。

1. 汽车电气设备的发展

(1)汽车安全技术

汽车安全技术的市场和社会需求主要来源于 3 个方面的因素:消费者对安全性的要求、最新安全法规的制定、驾驶员越来越分心。未来汽车电子控制的重要发展方向主要有以下几个:

①利用雷达技术和车载摄像技术开发各种自动避免碰撞系统。

②利用近红外技术开发各种能监测司机行为的安全系统。

③高性能的轮胎综合监测系统。

④自适应自动驾驶系统。

⑤驾驶员身份识别系统。

⑥安全气囊和防抱死制动系统/驱动防滑系统(ABS/ASR)。

⑦各种驾驶员辅助系统,如碰撞报警、车道保持系统、盲点预警系统、车尾监视系统、胎压监测系统(TPMS)、电动助力转向系统(EPS)、车身电子安全系统,以及更加完善的车身动态控制系统等。

(2)汽车节能减排电子技术

对传统能源汽车来说,汽车节能减排电子技术包括发动机电子控制和管理系统、电控自动变速器(ECAT)、电控转向系统和车辆启动/停止系统等。对新能源车而言,汽车电子控制技术是实现新能源车的基本技术条件,反过来新能源车的发展给汽车电子带来了更多的发展机会,包括驱动电机和驱动控制系统、电池和电池管理系统(BMS)、整车电控系统、热管理系统、EPS 或线控转向系统、制动能量回收系统等。

(3)舒适便捷(增强系统性能)

乘坐舒适、网络信息化和系统性能改善也是汽车系统电子化的主要驱动力。主要包括以下几个方面:

①车身控制模块(BCM)。汽车内部车身上的控制模块的网络化集成,包括车门、车窗、雨刮器、大灯、座椅控制、除雾/除霜等。

②车载信息系统(车联网)。汽车与外界网络连接,如电话、GPS 导航、实时交通信息、上网、远程故障诊断/防盗、娱乐、C2C 通信等使汽车成为一台“移动网络终端”的各种电子模块。

③智能导航(智能交通系统)。智能导航可实现目标监控、调度以及道路交通信息服务、车辆辅助导航等。系统可获取沿途天气、前方道路车流量、交通事故、交通堵塞等信息,根据驾驶员提供的目标数据项,提供距离最短且能绕开车辆密度相对集中处

的最佳行驶路线，实现智能车辆辅助导航。

④其他系统。如自动空调控制系统、车内主动噪声消除技术等。

2. 汽车电气设备的三大发展方向

汽车上的电控单元越来越多，嵌入式系统集成控制技术、计算机技术和网络技术的发展和成熟，使汽车电子控制系统的一体化集成、网络化和智能化成为汽车技术的三大发展方向。

(1)一体化集成

一体化集成就是协调和加强汽车系统的安全性、燃油经济性、操纵稳定性、舒适性等性能，提高汽车的价值，降低总成本。当前，最典型的一体化集成技术领域在于底盘和动力传动系统的集成。

(2)网络化

数据的快速交换、高可靠性及低成本是对汽车电子网络系统的要求，网络化可实现数据通信、信息共享和各个系统间的功能协调和优化。

(3)智能化

现代汽车技术正朝着更加主动智能化趋势的方向发展，以达到“人—车—环境”的智能协调。智能系统的主要特点是以技术弥补人为因素的缺陷，使得即便在很复杂的道路环境情况下，能自动地、更精确地操控汽车，使汽车更安全、更舒适、更节能、性能更好，汽车电子产品在整车中的价值和效能得到进一步的提高。

智能化的特点是系统能够主动协助驾驶员采取必要的动作，体现在系统必须具有实时感知能力、判断决策能力和操控执行能力。

【项目小结】

(1)汽车电气设备主要由蓄电池、启动系统、充电系统、点火系统、照明系统、信号系统以及其他的辅助电气设备组成。

(2)启动机的作用是启动发动机。

(3)点火系统的作用是产生高压电火花，点燃汽油机发动机汽缸内的混合气。

(4)汽车电气系统的特点是低压、直流、单线制、负极搭铁。

(5)汽车电气设备的发展经历的 4 个主要阶段包括：①开发由分立元件和集成电路组成的汽车电子产品；②发展专用的独立系统；③开发可完成各种功能的综合系统及各种汽车整体系统的微机控制；④研究发展汽车的智能控制技术与网络控制技术。

(6)现代汽车正朝着更加智能化、自动化和信息化的机电一体化产品方向发展，以达到“人—车—环境”的智能协调。

(7)汽车电气设备的发展主要表现在 3 个方面，即部分传统电气设备实现微机控制，发动机和底盘许多机械部分实现微机控制、微机控制新设备不断出现。

【习　题】

一、填空题

1. 汽车蓄电池是一种提供和储存________的________装置。

2. 启动系统的作用：________________________________。

3. 点火系统的作用：________________________________。

4. 根据汽车总体结构，汽车电子控制系统分为________________________、底盘电子控制系统和车身电子控制系统三大类。

5. 汽油车多采用____________________，柴油车多采用____________________。

二、判断题

1. 汽车上只有一个电源——发电机。（　　）

2. 蓄电池是一个电化学装置。（　　）

3. 我国汽车采用“正极搭铁”。（　　）

4. 启动系统包括串励式直流电动机、传动机构和控制装置。（　　）

5. 信号系统用来保证车辆运行时的人车安全。（　　）

三、简答题

1. 简述蓄电池的作用。

2. 汽车电气设备主要由哪些部分组成？

3. 谈谈汽车电气设备发展的主要阶段。

项目二　汽车蓄电池

【项目描述】

蓄电池是汽车必不可少的一部分，是一种储存电能的装置，一旦连接外部负载或接通充电电路，便开始了它的能量转换过程。在放电过程中，蓄电池中的化学能转换成电能；在充电过程中，电能转换成化学能。蓄电池属于直流电源。当车辆准备发动时，蓄电池会放电给起动机提供电力，并由起动机带动飞轮、曲轴转动，从而发动车辆。本项目将从汽车蓄电池的构造和种类、蓄电池的工作原理、蓄电池的负载规格、蓄电池的使用与检测 4 个方面来论述。

【学习目标】

- 了解蓄电池的原理；
- 理解蓄电池的结构和种类；
- 理解蓄电池的使用注意事项；
- 理解蓄电池检测的常用方法；
- 掌握蓄电池的规格和作用。

【技能目标】

- 能正确为车辆选用蓄电池，会对蓄电池充电；
- 能正确对蓄电池技术状况进行检查和维护；
- 能通过现象判断蓄电池的基本故障。

任务一　认识汽车蓄电池

蓄电池(俗称"电瓶")是一种将化学能转换成电能的装置,是可逆的低压直流电源,既能将化学能转换为电能,也能将电能转换为化学能。蓄电池通常被看作汽车电气系统的心脏,因此,在维修大多数电气系统故障时都不能忽略。

一、蓄电池的种类

目前燃油汽车上使用的蓄电池主要有铅酸蓄电池和镍碱蓄电池两大类。同时,由于人们对燃油汽车排放要求的提高和能源危机的冲击,各国正在不断探索和研究电动汽车,其主要的动力源为新型高能蓄电池。汽车上使用的蓄电池一般为铅酸蓄电池。铅酸蓄电池的种类有普通铅酸蓄电池(图 2.1)、干荷蓄电池、免维护蓄电池、混合型蓄电池、封闭式蓄电池。

二、蓄电池的结构

1. 普通铅酸蓄电池

普通铅酸蓄电池由极板、隔板、电解液和外壳等组成,如图 2.2 所示。

图 2.1　普通铅酸蓄电池

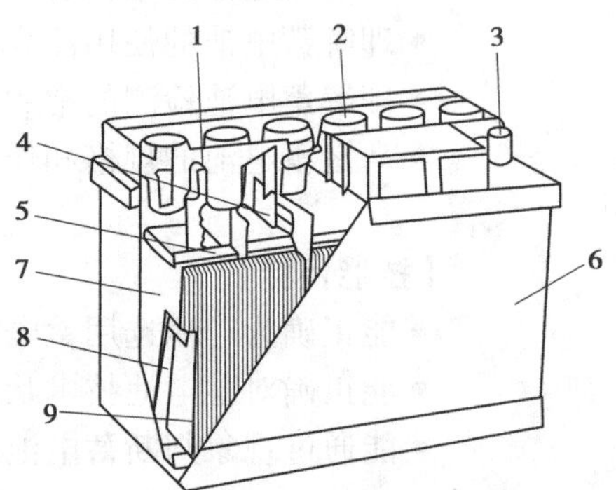

图 2.2　普通铅酸蓄电池的结构

1—负极柱;2—加液孔盖;3—正极柱;
4—穿壁连接;5—汇流条;6—外壳;
7—负极板;8—隔板;9—正极板

(1)极板

极板是蓄电池的核心部分,蓄电池充放电的化学反应主要是依靠极板上的活性物质与电解液进行的。极板分为正极板和负极板,均由栅架和活性物质组成,都以铅-锑合金浇铸成的栅架为骨架，在栅架上填充活性物质制成。将涂上铅膏后的生极板先经热风干燥，再放入稀硫酸中进行充电便得正极板和负极板。正极板上的活性物质为二氧化铅（PbO_2），呈深棕色；负极板上的活性物质为海绵状纯铅（Pb），呈灰色。极板的结构如图 2.3 所示。

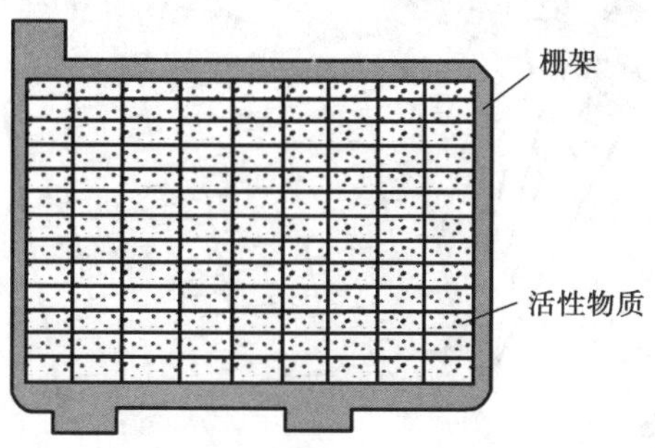

图 2.3　极板

栅架的作用是固结活性物质，一般由铅-锑合金铸成，具有良好的导电性、耐蚀性和一定的机械强度。普通蓄电池栅架含锑量为 5% ~7%；干荷电蓄电池栅架含锑量为 1.5%~2.3%。目前，蓄电池采用的栅架有普通型和放射型（图 2.4）。现代汽车蓄电池采用放射型栅架，它具有输出电流大、内阻小等特点，能改善蓄电池的启动性能。

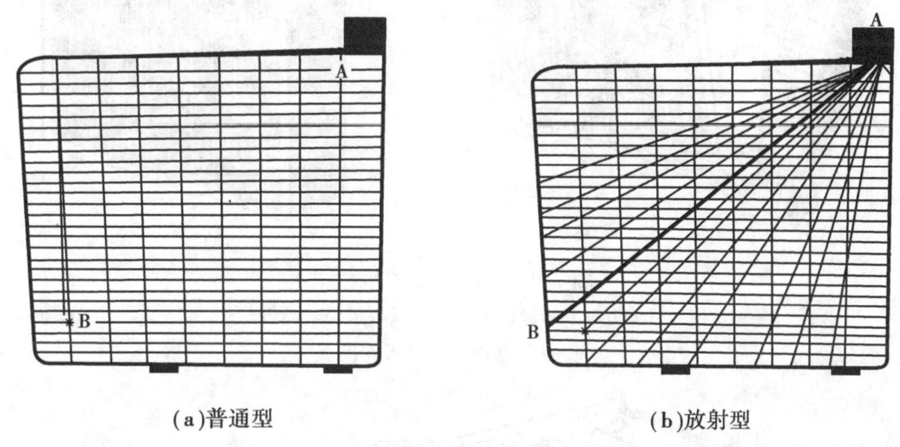

(a)普通型　　(b)放射型

图 2.4　栅架

为了增大容量，将多片正、负极板分别并联，用汇流条焊接起来，便分别组成了正、负极板组。汇流条（横板）上连有极柱，各片间留有空隙。安装时，各片正、负极板相互嵌合，中间插入隔板后装入蓄电池单格内，便形成了单格电池。

注意：正、负极板均做成极板组，以提高容量。在每个单格电池中，正极板的片数要比负极板少一片，这样每片正极板都处于两片负极板之间，可以使正极板两侧放电均匀，避免因放电不均匀造成极板拱曲。

单格蓄电池中，正、负极板之间用隔板隔开交替排列（图 2.5）。隔板由多孔绝缘材料制成，用极板连接条将所有正极和所有负极分别连接。每个单格蓄电池提供 2.1 V的电压。单格蓄电池极板组如图 2.6 所示。

把 6 个单格电池串联起来后，就构成了可以给汽车电气系统提供 12.6 V 电压的汽车蓄电池，即通常标称的 12 V 蓄电池（图 2.7）。

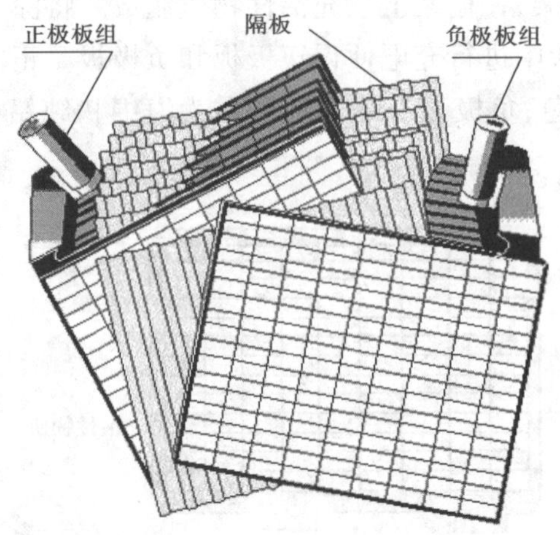

图 2.5 单格蓄电池的内部结构

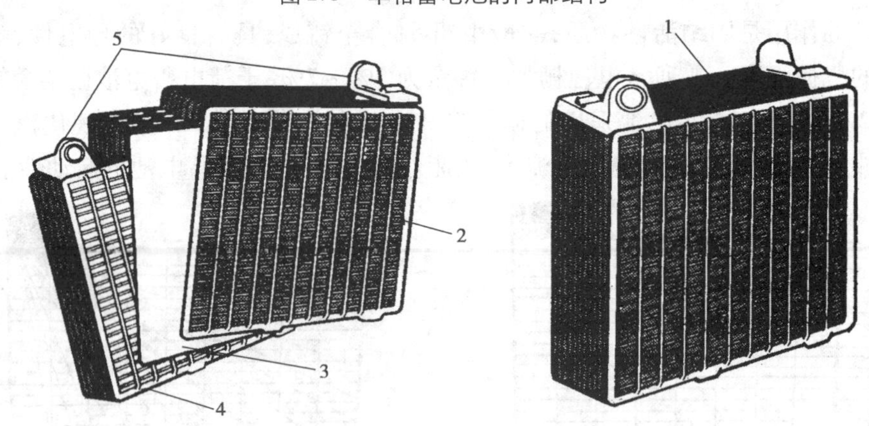

图 2.6 单格蓄电池极板组

1—组装完的极板组;2—负极板组;3—隔板;

4—正极板组;5—极板连接条

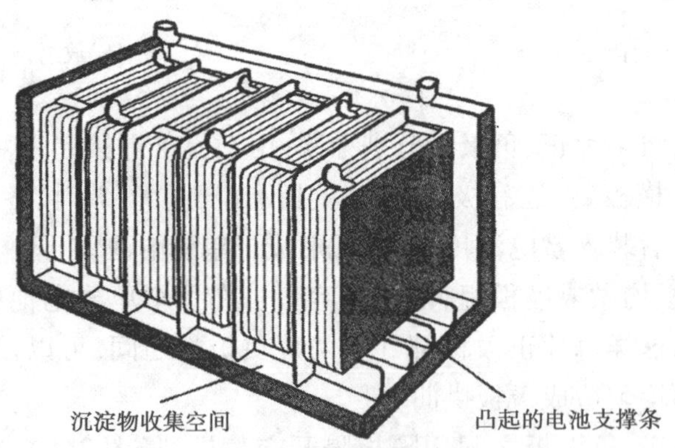

图 2.7 由 6 个 2.1 V 电池串联而成的 12.6 V 蓄电池

(2)隔板

为了减小蓄电池的内阻和尺寸,蓄电池的正、负极板应尽可能靠近。为了防止相邻正、负极板彼此接触而短路,正、负极板之间要用隔板隔开(图 2.8)。隔板材料应具有多孔性和渗透性，且具有良好的耐酸性和抗氧化性。常用的隔板材料有木质隔板、微孔橡胶、微孔塑料、玻璃纤维和纸板等。其中，木质隔板耐酸性较差；微孔橡胶隔板性能最好但成本较高；微孔塑料隔板孔径小、孔率高、成本低，因此被广泛采用。近年来，还将微孔塑料隔板做成袋状，紧包在正极板的外部，防止活性物质的脱落。

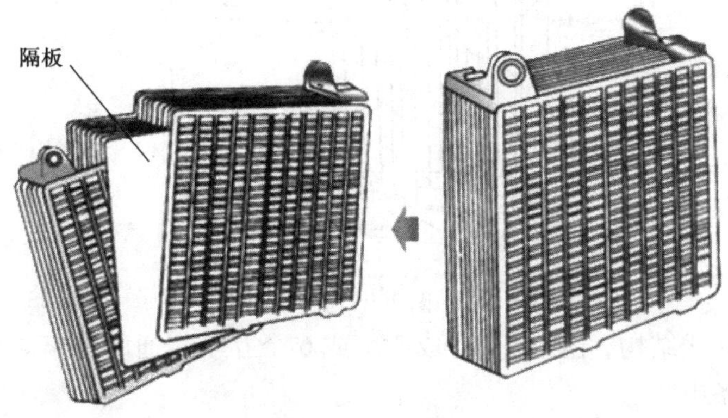

图 2.8　隔板位置

(3)电解液

电解液在蓄电池的化学反应中起离子间导电的作用，并参与蓄电池的化学反应。蓄电池的电解液是用高纯度的硫酸和蒸馏水按规定比例(36%的硫酸，64%的水，按质量比例)配制而成的。电解液的密度一般为 1.24 ~ 1.31 g/cm^3。配制电解液必须使用耐酸的器皿，切记：只能将硫酸慢慢地倒入蒸馏水中，并不断搅拌。

电解液的密度对蓄电池的工作有重要影响，密度大，可减少结冰的危险并提高蓄电池的容量；但密度过大，则黏度增加，反而降低了蓄电池的容量，缩短使用寿命。电解液的密度应随地区和气候条件而定，表 2.1 列出了不同地区和气温下的电解液的密度。另外，电解液的纯度也是影响蓄电池性能和使用寿命的重要因素之一。

注意：电解液不允许用工业硫酸和自来水、井水、河水等配制。因其杂质多，易引起自放电，从而影响蓄电池的寿命。

表 2.1　不同气温下的电解液密度

气候条件 (冬季温度)	完全充足电的蓄电池 25 ℃时电解液的密度/(g·cm^{-3})	
	冬季	夏季
低于 -40 ℃地区	1.30	1.26
高于 -40 ℃地区	1.28	1.25
高于 -30 ℃地区	1.27	1.24
高于 -20 ℃地区	1.26	1.23
高于 0 ℃地区	1.24	1.23

(4)壳体

壳体是用来盛放电解液、极板组和隔板的(图 2.9)。制造壳体的材料必须能耐酸、耐温、耐寒、抗震,并具有足够的机械强度。常用的壳体材料有硬质橡胶、沥青塑料和工程塑料等。目前国内普遍采用工程塑料壳体。这种壳体美观透明,耐酸、抗蚀、质量小、强度高。

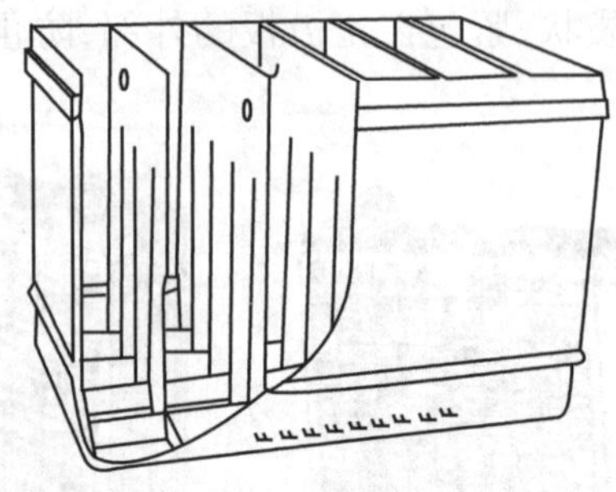

图 2.9　壳体

壳体为整体式结构,壳内间壁分成 3 个或 6 个互不相通的单格。单格蓄电池之间均用铅质连接条串联。

注意:每个单格电池设有一个液孔,可加注电解液或检测电解液密度。孔盖上设有通气孔,便于排出蓄电池内部的气体,防止壳体胀裂,发生事故。

壳体的底部有凸起的筋,用来支撑极板组,并使极板上脱落下来的活性物质落入凹槽中,防止极板短路。

(5)极柱

各单格蓄电池串联后,两端的正、负极柱穿出电池盖,分别形成蓄电池的正、负极柱。正极柱较粗,标有“ + ”(或 P、涂红色);负极柱较细,标有“ - ”(或 N、涂蓝色、绿色等)。

极柱有侧极柱、顶极柱和“L”形极柱等形式,如图 2.10 所示。顶极柱是蓄电池装配后铸上的,“L”形极柱是蓄电池装配后焊接上去的。

(a)侧极柱

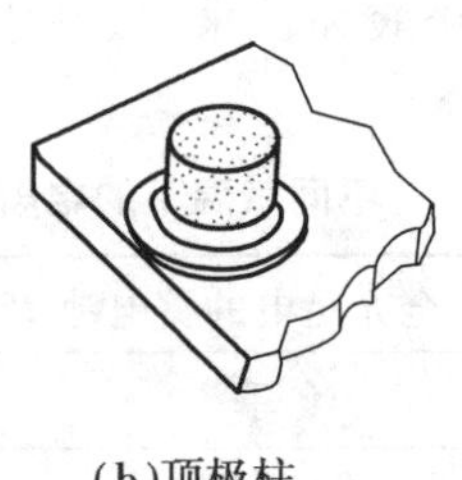

(b)顶极柱

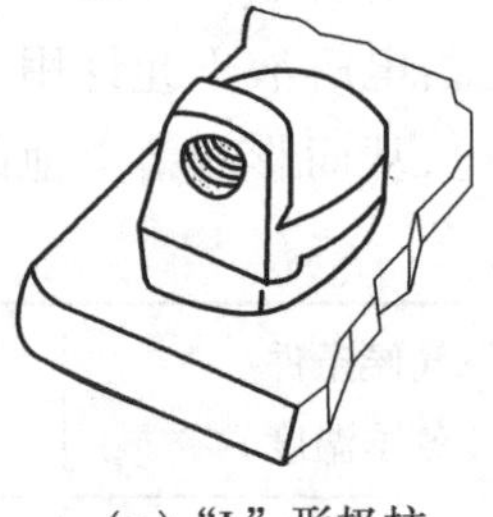

(c)“L”形极柱

图 2.10　极柱

2. 干式荷电铅酸蓄电池

干式荷电铅酸蓄电池简称为干荷蓄电池,如图 2.11 所示。所谓干式荷电铅酸蓄电池是指在出厂时没有添加电解液,使用时才添加电解液。干式荷电铅酸蓄电池的极板组在干燥状态的条件下,能够较长时间(两年)保存在制造过程中所得到的电荷。

图 2.11 干式荷电铅酸蓄电池

(1)使用特点

干式荷电铅酸蓄电池加足电解液后,静放 20～30 min 即可使用。

(2)工艺特点

①提高了负极板上的海绵状纯铅的憎水性和抗氧化性。

②在负极板的铅膏中加入抗氧化剂。

③在极板形成过程中,有一次深度放电或反复充放电循环。

④负极板在化成后,要认真进行水洗和浸渍。

⑤正、负极板和隔板用特殊干燥工艺进行干燥处理。

3. 免维护蓄电池

免维护蓄电池又称为 MF 蓄电池。免维护是指在汽车合理使用期间,不需要对蓄电池进行加注蒸馏水、检测电解液液面高度、检测电解液密度等维护作业。

(1)免维护蓄电池的特点

①栅架材料采用铅钙合金,既提高了栅架的机械强度,又减少了蓄电池的耗水量和自放电。

②采用了袋式微孔聚氯乙烯隔板,将正极板装在隔板袋内,既可避免正极板上的活性物质脱落,又可防止极板短路。因此,壳体底部不需要凸起的肋条,从而降低了极板组的高度,增大了极板上方的容积,使电解液储存量增多。

③蓄电池内部安装有电解液密度计,可自动显示蓄电池的存电状态和电解液液面的高低。如果密度计的观察窗呈绿色,表明蓄电池存电充足,可正常使用;若显示深绿色或黑色,表明蓄电池存电不足,需补充充电;若显示浅黄色,表明蓄电池已接近报废。

④采用了新型安全通气装置和气体收集器,在孔盖内部设置了一个氧化铝过滤器,可阻止水蒸气和硫酸气体通过,同时又可以使氢气和氧气顺利逸出。通气塞中装有催化剂钯,可促使氢、氧离子重新结合成水回到蓄电池中。

(2)免维护蓄电池的优点

①聚丙烯或塑基材料容器没有加大,极板上有预留空间而可以储存更多电解质。

②电池的存放寿命一般长达两年以上。

③具有较高的冷启动放电率。

④对电池的接线端及线路几乎不用维护。

免维护蓄电池结构和栅格板分别如图 2.12 和图 2.13 所示。

(3)免维护蓄电池的缺点

①整个生命周期比较短。

②不希望出现的附加载荷会使蓄电池快速放电。

③极度放电后将很难再进行充电。

④储备容量低,特别是在环境温度较低的时候。

⑤蓄电池暴露在高温环境时会产生栅格板生成。栅格板生成是指细小的金属芽体在栅格板上产生,它能穿过隔板造成极板短路。

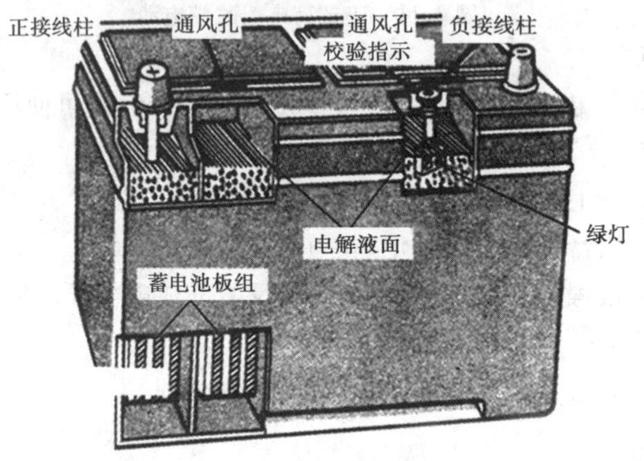

图 2.12　免维护蓄电池结构

4. 混合型蓄电池

混合型蓄电池又称为深循环蓄电池。它能耐受多次过度充放电而仍能保持最初的储备容量,并且以更快的速率提供电流。混合型蓄电池的结构特点:混合的放射性栅格设计及中焊耳降低了对 A 点产生的流向 B 点的电流阻抗,如图 2.14 所示。

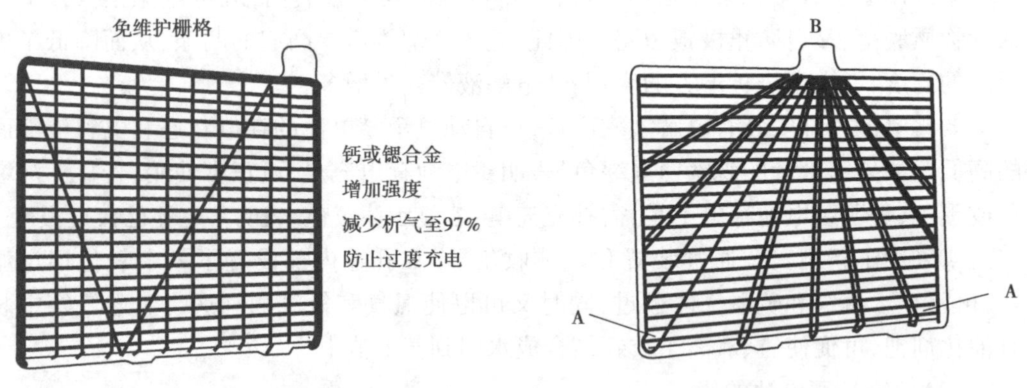

图 2.13　免维护蓄电池栅格板

图 2.14　混合型蓄电池栅格结构

5. 封闭式蓄电池

封闭式蓄电池又称为复合蓄电池,是一种完全密封的铅酸蓄电池(图 2.15)。它采用了凝胶状的电解物质代替了电解液,在外壳破裂或倒置的情况下也不会有电解液流出，没有酸液腐蚀之忧。

在复合蓄电池里，当氧在正极板内产生后，透过隔板直接和负极板进行重组，避免了析气现象的发生。

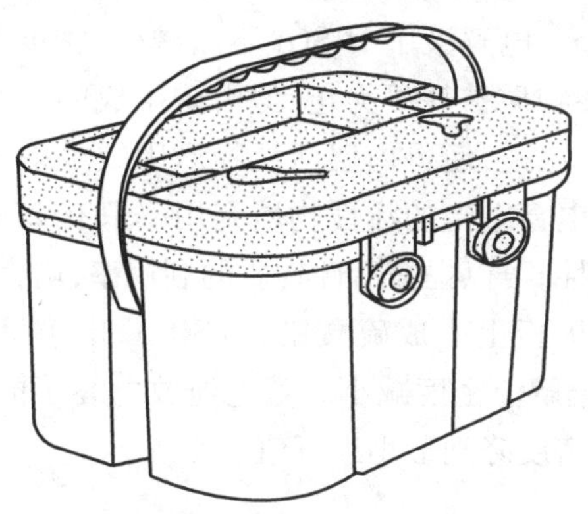

图 2.15　复合蓄电池外观

任务二　了解汽车蓄电池的工作原理

蓄电池是一个化学电源，具充电与放电过程是一种可逆的化学反应。蓄电池的电能是由电解液和浸入电解液中的两种不同极板之间发生电化学反应而产生的。

蓄电池充放电过程（即它的工作过程）就是化学能与电能相互转化的过程：当蓄电池向外供电时，将化学能转化为电能；当蓄电池与外部直流电源相连进行充电时，将电能转化为化学能。

电化学反应方程式为：

$$\underset{\text{(正极板)}}{PbO_2} + \underset{\text{(电解液)}}{2H_2SO_4} + \underset{\text{(负极板)}}{Pb} \underset{\text{充电}}{\overset{\text{放电}}{\rightleftharpoons}} \underset{\text{(正极板)}}{PbSO_4} + \underset{\text{(电解液)}}{2H_2O} + \underset{\text{(负极板)}}{PbSO_4}$$

在正极板处，PbO_2 与硫酸作用而生成带正电荷的铅离子（Pb^{4+}）沉浮在正极板上，使正极板具有约为 2 V 的正电位。

在负极板处，铅电离为铅离子（Pb^{2+}）和电子（2e），2 个电子留在负极板上，使负极板具有约为 -0.1 V 的负电位。

一、蓄电池的放电过程

当铅蓄电池的正、负极板浸入电解液中时，在正、负极板间就会产生约 2.1 V 的静止电动势，此时若接入负载，在电动势的作用下，电流就会从蓄电池的正极经外电路流向蓄电池的负极，这一过程称为放电。蓄电池的放电过程是化学能转变为电能的过程。在蓄电池的放电过程中，正极板上的活性物质由二氧化铅（PbO_2）转变为硫酸铅

($PbSO_4$),负极板上的活性物质由纯铅(Pb)也转变为硫酸铅($PbSO_4$),电解液消耗硫酸生成水,使电解液密度逐渐下降。

放电时,正极板上的 PbO_2 和负极板上的 Pb,都与电解液中的 H_2SO_4 反应生成硫酸铅,沉附在正、负极板上。电解液中 H_2SO_4 不断减少,密度下降。理论上,放电过程可以进行到极板上的活性物质被耗尽为止,但由于生成的 $PbSO_4$ 沉附于极板表面,阻碍电解液向活性物质内层渗透,使得内层活性物质因缺少电解液而不能参加反应,所以,在使用中被称为放完电蓄电池的活性物质利用率只有 20% ~30%。因此,采用薄型极板,增加极板的多孔性,可以提高活性物质的利用率,增大蓄电池的容量。

图 2.16(a)为正、负极板上生成硫酸铅($PbSO_4$),电解液中的水分增加;图 2.16(b)为随着放电的进行,电解液密度减小。蓄电池放电终了的特征是单格电池电压降到放电终止电压;电解液密度降到最小许可值。

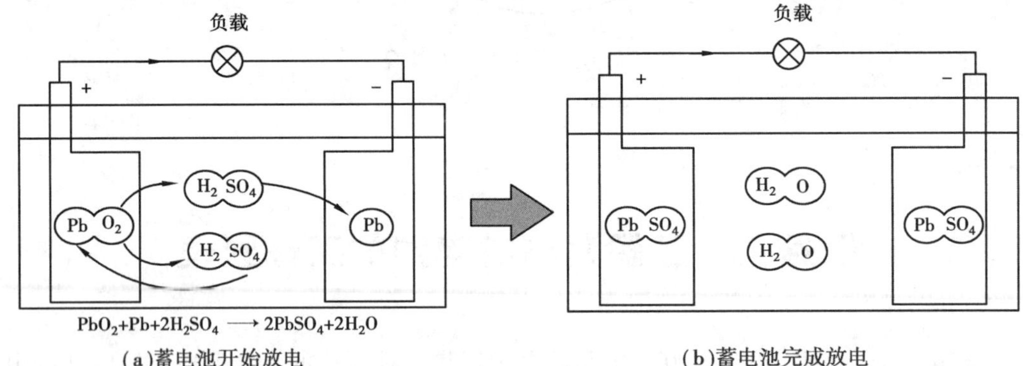

(a)蓄电池开始放电　　(b)蓄电池完成放电

图 2.16　蓄电池的放电过程

放电终止电压与放电电流的大小有关。放电电流越大,允许的放电时间就越短,放电终止电压也越低,见表 2.2。

表 2.2　放电电流与放电时间的关系

放电电流	放电时间	单格电池终止电压/V
$0.05C_{20}$	20 h	1.75
$0.1C_{20}$	10 h	1.70
$0.25C_{20}$	3 h	1.65
C_{20}	25 min	1.55
$3C_{20}$	5 min	1.50

注:C_{20} 为蓄电池的额定容量。

二、蓄电池的充电过程

蓄电池是一个化学电源,其充电与放电过程是一种可逆的化学反应。

充电时,蓄电池的正、负极分别与直流电源的正、负极相连,当充电电源的端电压高于蓄电池的电动势时,在电场的作用下,电源电流将以与放电电流相反的方向(即电流从蓄电池的正极流入,负极流出)流过蓄电池,使蓄电池正、负极板发生电化学反应,这一过程称为充电。蓄电池的充电过程是电能转换为化学能的过程。

充电时,正、负极板上的 $PbSO_4$ 还原成 PbO_2 和 Pb,电解液中的 H_2SO_4 增多,密度上升。

当充电接近终了时,$PbSO_4$ 已基本还原成 PbO_2 和 Pb,这时,过剩的充电电流将电解水,使正极板附近产生 O_2 从电解液中逸出,负极板附近产生 H_2 从电解液中逸出,电解液液面高度降低。因此,铅蓄电池需要定期补充蒸馏水。

蓄电池充足电的标志:电解液中有大量气泡冒出,呈沸腾状态;电解液的密度和蓄电池的端电压上升到规定值,且在 2 ~ 3 h 内保持不变。

极板上的硫酸铅还原成氧化铅和铅,电解液中的水分还原成硫酸,如图 2.17(a)所示。随着充电的进行,电解液中硫酸的成分增加,电解液密度增大,如图 2.17(b)所示。

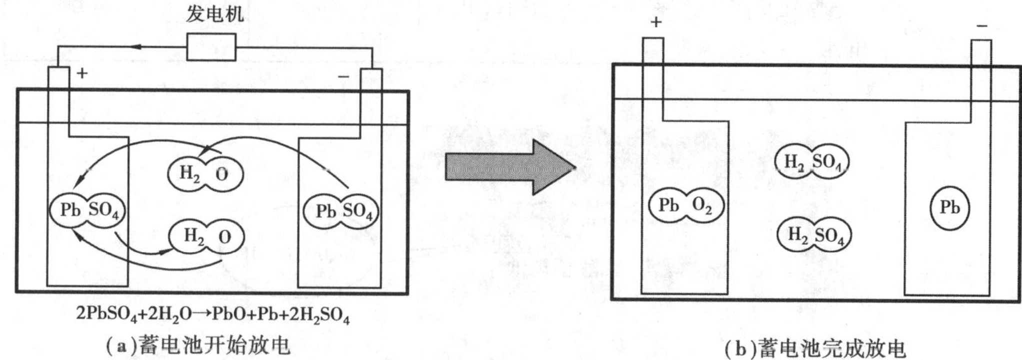

图 2.17　蓄电池的充电过程

结论:在放电过程中,正、负极板上的活性物质都转化为 $PbSO_4$。同时,电解液中的 H_2SO_4 转化为水,电解液的密度不断下降。充电过程与此相反。在充电过程中,正、负极板上的 $PbSO_4$ 分别转化为 PbO_2 和 Pb,电解液中硫酸成分逐渐增多,电解液的密度逐渐上升。

任务三　了解蓄电池负载规格

一、蓄电池的型号

蓄电池的型号按《铅酸蓄电池名称、型号编制与命令方法》(JB/T 2599—2012)的规定。其组成见表 2.3,型号如图 2.18 所示。

例如,图 2.18 中的 6-QA-100AH,表示由 6 个单体电池组成,额定电压为 12 V,额定容量为 100 A · h 的启动用干荷电铅蓄电池。

某东风牌 EQ1090E 汽车蓄电池型号为 6-Q-105D,表示该蓄电池由 6 个单格组成,额定电压为 6 × 2 V = 12 V,20 h 放电率的额定容量为 105 A · h,是低温启动性能好的普通启动型蓄电池。

表 2.3　蓄电池型号的组成

第一部分	第二部分		第三部分	
串联的单格电池数	蓄电池的用途	蓄电池的结构特征代号	蓄电池的额定容量	蓄电池的特殊性能
用阿拉伯数字 6 或 3 表示	用大写的汉语拼音字母表示,如: Q——启动用铅蓄电池; N——内燃机车用蓄电池; M——摩托车用蓄电池	用大写的汉语拼音字母表示,如: A——干荷电铅蓄电池; H——湿荷电铅蓄电池; W——免维护铅蓄电池; B——薄型极板; 无字母——普通铅蓄电池	20 h 放电率的额定容量,单位为 A · h,可略去不写	用大写的汉语拼音字母表示,如: G——高启动率; D——低温性能好; S——塑料槽蓄电池

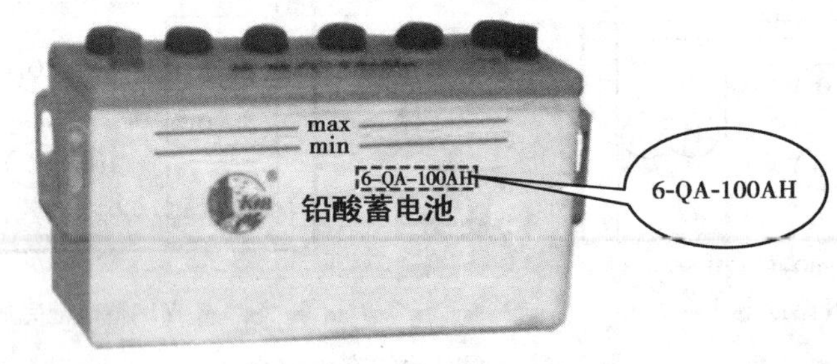

图 2.18　蓄电池的型号

二、汽车蓄电池的电压

汽车常用的蓄电池为 12 V 的铅酸蓄电池,其 12 V 为蓄电池的标称电压。12 V 的蓄电池由 6 个单格蓄电池串联而成,若有 6 V 的蓄电池则由 3 个单格电池串联而成。每个单格蓄电池的标称电压为 2 V,充满电时约为 2.1 V。

三、安 · 时额定值

一个完全充电的蓄电池在 25 ℃的条件下能连续 20 h 输出稳定电流而蓄电池电压不低于 10.5 V(对汽车 12 V 蓄电池而言),该电流值乘 20 h 便是该蓄电池的安 · 时额定值。

对同一个电池采用不同的放电参数(放电电流及放电终止电压)所得出的安 · 时额定值是不同的。例如,某一蓄电池以 2 A 电流连续放电 20 h 后,用电压表测得其电压刚好为 10.5 V,那么安 · 时额定值为:2 A × 20 h = 40 A · h。

四、汽车蓄电池规格的选择

①电压必须和汽车电器系统的额定电压一致。

②容量必须满足汽车启动的要求。

③蓄电池的大小必须合适。

任务四 了解蓄电池的充电方式

蓄电池是直流电源,充电时,充电电源的正极接蓄电池的正极,充电电源的负极接蓄电池的负极(图2.19)。

充电方法有定流充电、定压充电和脉冲充电3种。

一、定流充电

在充电过程中,使充电电流(一般为蓄电池容量的0.1倍以下,如60 A·h蓄电池不大于6 A)保持恒定的充电方法称为定电流充电法,简称定流充电。

定流充电时,被充电的蓄电池不论是6 V或12 V,均可串联在一起进行充电,其连接方法如图2.20所示。

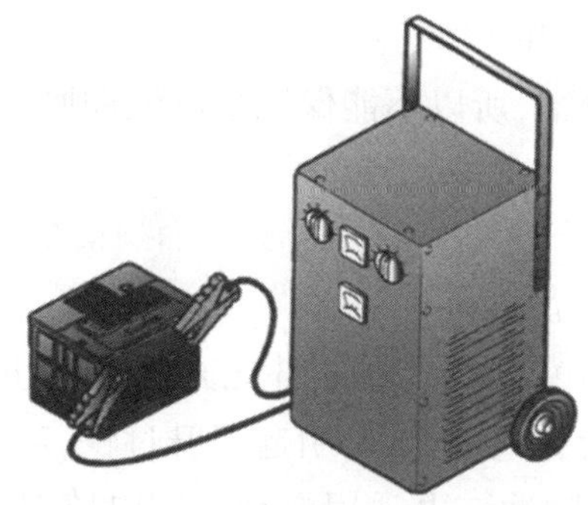

图2.19 正在充电的蓄电池

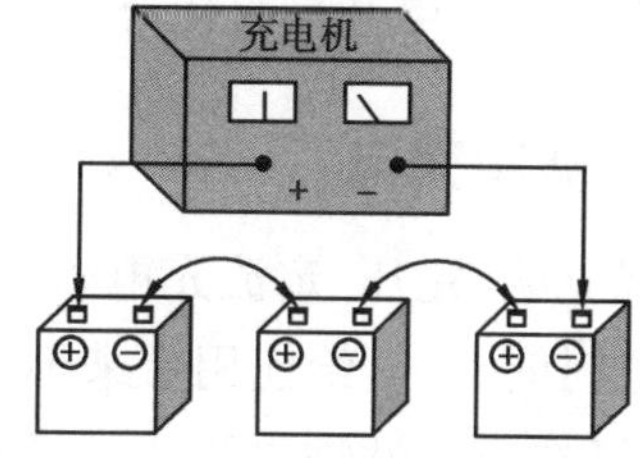

图2.20 定流充电的连接

注意:所串联的蓄电池的容量应尽可能相同,若不相同,充电电流应按容量最小的蓄电池来计算。当小容量的蓄电池充足电后,应随之去除,继续给大容量的蓄电池充电。

定流充电的方法:定流充电时,随着蓄电池电动势的提高,要保持充电电流恒定,必须提高充电电压;当单格电压上升到2.4 V时,应将电流减半后再充电,直到单格电压上升到2.7 V,端电压和电解液密度在2~3 h内保持不变为止。

定流充电的特点:定流充电有较大的适应性,可根据需要选择充电电流,但定流充电的充电时间长,而且需要经常调节充电电流。此充电法一般适用于新蓄电池和故障修复蓄电池的初充电。

二、定压充电

在充电过程中,始终保持充电电压不变的充电方法称为“定压充电”。

定压充电蓄电池的连接方式如图 2.21 所示。采取此方式时,要求各支路蓄电池的额定电压必须相同,容量也要一样。

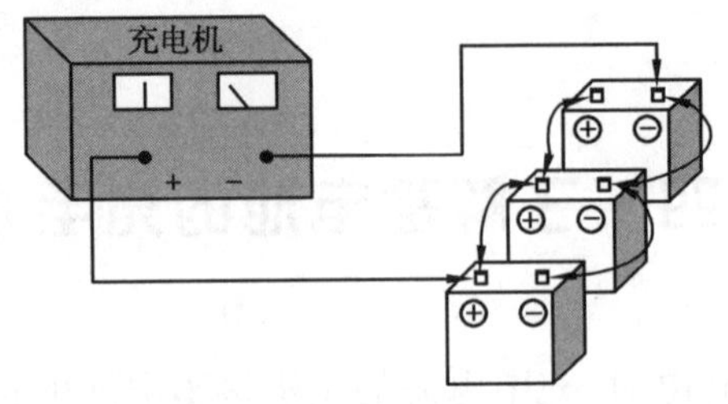

图 2.21 定压充电的连接

定压充电时,可将相同电压值的蓄电池并联起来一起充电。定压充电在充电初期,由于蓄电池的电动势较低,因而充电电流大;随着电动势的升高,充电电流逐渐减小,在接近充电终了时,充电电流已降到很小值。

定压充电的特点:充电过程中电解液无沸腾现象,可减少水分的损失;在充电 4 ~5 h 后,容量可达 90% ~95%,缩短了充电时间。定压充电方法适用于蓄电池的补充充电,不适用于新蓄电池和故障蓄电池的初充电。汽车上发电机对蓄电池的充电为定压充电。

定压充电的优点:充电速度快,充电时间短,充电电流 I_C 会随着电动势 E 的上升而逐渐减小到零,使充电自动停止,不必人工调整和照管。

定压充电的缺点:因为充电电流大小不能调整,所以不能保证蓄电池彻底充足电,也不能用于初充电和去硫化充电。

三、脉冲充电

常规充电(定压、定流充电),完成一次初充电需 60 ~70 h,补充充电需 20 h 左右,由于充电时间太长,给使用带来不便。单纯加大充电电流,会引起温升过快,产生大量气泡,容易造成活性物质脱落,缩短使用寿命。脉冲充电采用自动控制电路对蓄电池进行正反向脉冲充电,可提高充电效率,使用中的电池补充充电时间只需 0.5 ~1.5 h。

任务五　掌握蓄电池的储存、使用及维护

一、蓄电池的储存

1. 新蓄电池的储存

未启用的新蓄电池,其加液孔盖上的通气孔均已封闭,不要通破。保管蓄电池时应注意以下几点:

①存放室温为 5 ~30 ℃,干燥、清洁、通风。

②不要受阳光直射,离热源距离不小于 2 m。

③避免与任何液体和有害气体接触。

④不得倒置或卧放,不得叠放,不得承受重压。

⑤新蓄电池的存放时间不得超过 2 年。

2. 暂时不用的蓄电池的储存

采用湿储存法,即先充足电,再把电解液密度调至 1.24 ~ 1.28 g/cm^3,液面调至规定高度,然后将通气孔密封。蓄电池存放期不得超过半年,其间应定期检查,如容量降低至 25%,应立即补充充电,交付使用前也应先充足电。

3. 长期停用的蓄电池的储存

采用干储存法,即先将充足电的蓄电池以 20 h 放电率放完电,然后倒出电解液,用蒸馏水反复冲洗多次,直到水中无酸性为止,晾干后旋紧加液孔盖,并将通气孔密封,存放条件与新蓄电池相同。

二、启用新蓄电池

擦净外表面,旋开加液孔盖,疏通通气孔,注入新电解液,静置 4 ~6 h 后,调节液面高度到规定值,按初充电规范进行充电后即可使用。

干式荷电蓄电池在规定存放期(一般为 2 年)内,启用时可直接加入规定密度的电解液,静置 20 ~30 min 后,校准液面高度,即可使用。若超期存放或保管不当损失部分容量,应在加注电解液后经补充充电方可使用。

三、蓄电池的维护

保持蓄电池外表面的清洁干燥,及时清除极桩和电缆卡子上的氧化物(图 2.22),并确定蓄电池极桩上的电缆连接牢固。

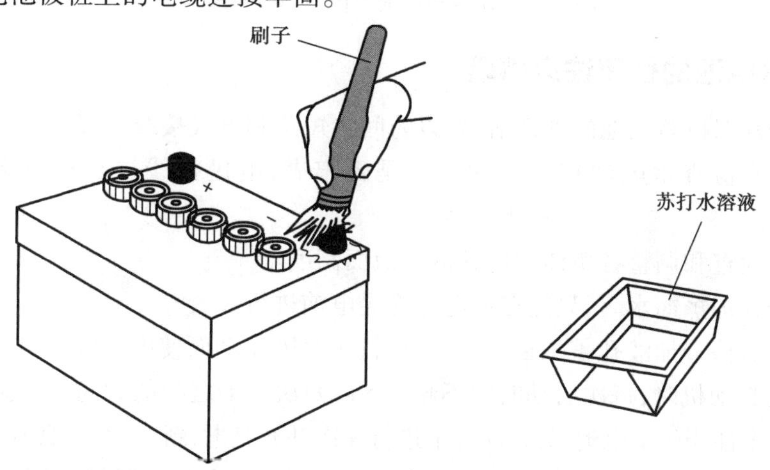

图 2.22 用苏打水溶液清洗蓄电池极桩

清洗蓄电池时,最好从车上拆下蓄电池,用苏打水溶液冲洗整个壳体,然后用清水冲洗蓄电池并用纸巾擦干。对蓄电池托架,可先用腻子刀刮净厚腐蚀物,然后用苏打水溶液清洗托架(图 2.23),之后用水冲洗并干燥。托架干燥后,漆上防腐漆。

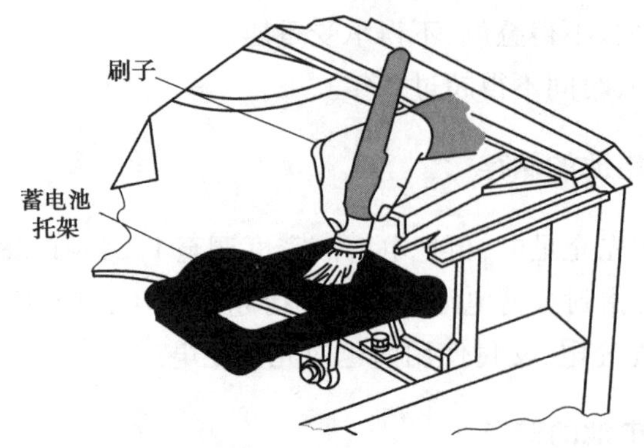

图 2.23　用苏打水溶液清洗蓄电池托架

对极桩和电缆卡子,可先用苏打水溶液清洗,再用专用清洁工具进行清洁。清洗后,在电缆卡子上涂上凡士林或润滑油防止腐蚀(图 2.24)。

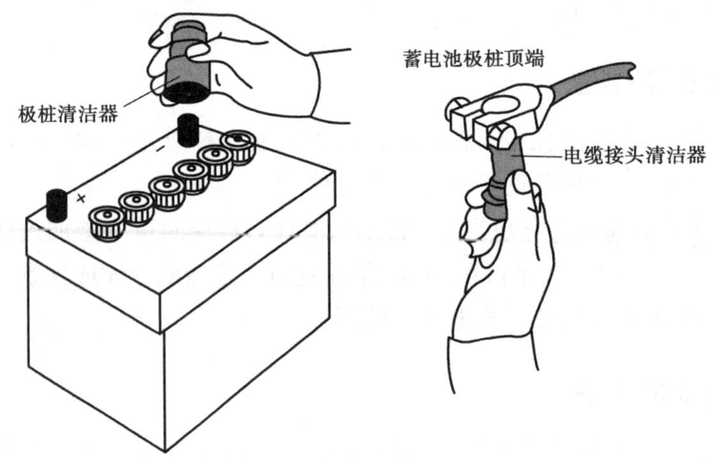

图 2.24　用清洁器清洗极桩和电缆接头

四、蓄电池的使用注意事项

①要经常保持蓄电池的外部清洁,以防间接短路和电极接线柱腐蚀。

②要经常检查蓄电池在车上的安装是否牢靠,电极接线柱与接线头的连接是否紧固。

③定期检查和调整各单体内电解液的液面高度。

④冬季补加蒸馏水时,只能在蓄电池充足电前进行。

⑤要经常检查加液孔盖是否拧紧,以免行车时因振动而使电解液溢出。

⑥使用起动机时,每次启动时间不超过 5 s,两次启动之间的时间间隔应大于 15 s。

⑦对车上使用的蓄电池,每月应拆下进行一次补充充电,新、旧蓄电池不允许混用。

⑧对暂时不用的蓄电池可放置在室内暗处进行湿储存。使用前,应重新充足电。

⑨对长期不使用的蓄电池采用干储存法。

⑩未启用的新电池,其储存方法和时间应以出厂说明为准,其保管期限为 2 年。

⑪保管蓄电池时须注意,应保存在室温为 5 ~ 40 ℃的干燥、清洁及通风良好的地方,并不受阳光直射,远离热源,避免与任何液体和有害物质接触。

任务六 掌握蓄电池的检测方法

一、外部检测

①检测蓄电池封胶有无开裂和损坏,极桩有无破损,壳体有无泄露,若有,应修理或者更换。

②疏通加液孔盖的通气孔。

③清洁蓄电池外壳,并用钢丝刷或极柱接头清洗器清洁极桩和电缆卡子上的氧化物,清洁后涂抹一层凡士林或润滑脂。

二、检测蓄电池电解液液面高度

1. 玻璃管测量法

采用玻璃管测量法,如图 2.25 所示。工具:内径为 3 ~ 5 mm 的玻璃管,液面高度标准值为 10 ~ 15 mm。

2. 观察液面高度指示线法

观察液面高度指示线法,如图 2.26 所示。正常液面高度应介于两线之间,液面过低时,应加入蒸馏水补充。

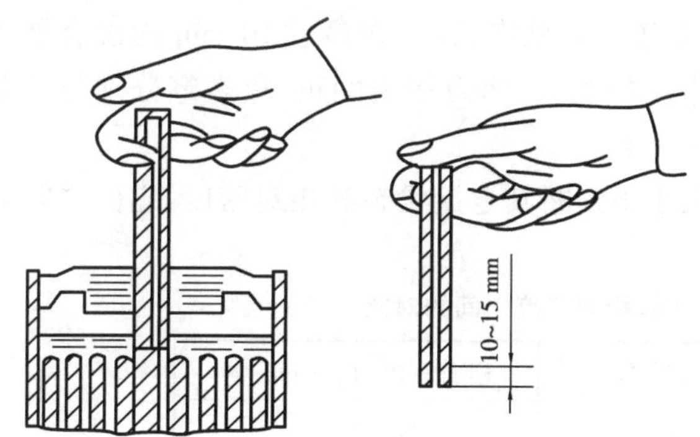

图 2.25 用玻璃管测量电解液液面高度

图 2.26 观察液面高度指示线

三、检测蓄电池电解液密度

电解液密度的大小,是判断蓄电池容量的重要标志。测量蓄电池电解液密度时,蓄电池应处于稳定状态。蓄电池充、放电或加注蒸馏水后,应静置 30 min 后再测量。

1. 用吸式密度计测量电解液密度

用吸式密度计测量电解液密度,如图 2.27 所示。若蓄电池电量充足,则读数为 1.240 ~ 1.280,测得的密度值应用标准温度(+25 ℃)。在 25 ℃以上,温度每升高 10 ℃,需要在相对密度的读数上加 0.007 5。

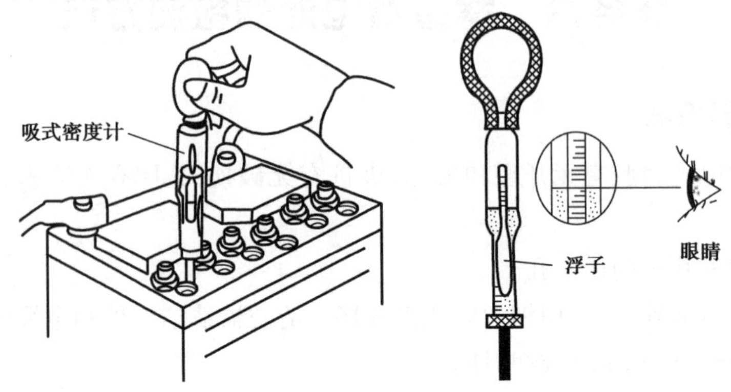

图 2.27 用吸式密度计测量电解液密度

通过对各个单格电池电解液密度的测量,可以确定蓄电池是否失效。如果单格电池之间的密度相差 0.05 g/cm^3,则该电池失效。

2. 放电程度的判断

电解液密度与放电程度的关系:密度每下降 0.01 g/cm^3,相当于蓄电池放电 6%。当判定蓄电池在夏季放电超过 50% 和冬季放电超过 25% 时,不宜再继续使用,应及时进行补充充电,否则会使蓄电池过早损坏。

四、蓄电池开路电压的测量

测量蓄电池开路电压时,蓄电池应处于稳定状态,并且在最近 10 min 内设有承受负载。蓄电池开路电压可用万用表的电压挡测量,将万用表的正、负表笔分别与蓄电池的正、负极相接即可。

我们可以根据蓄电池的开路电压大小来判断其电量状态和相对密度,它们之间的关系见表 2.4。

表 2.4 开路电压和相对密度之间的对照

开路电压/V	电量状态/%	相对密度/(g · cm^{-3})
≥12.6	100	1.260
12.4	75	1.225
12.2	50	1.190
12.0	25	1.155
11.9	完全放电	1.100

五、负荷试验检测

负荷试验要求被测蓄电池至少存电 75% 以上,若电解液密度低于 1.22 g/cm^3,用万用表测得静止电动势不到 11.4 V,应先充足电,再做测试。采用高率放电计检测蓄电池(图 2.28),其结构如图 2.29 所示。

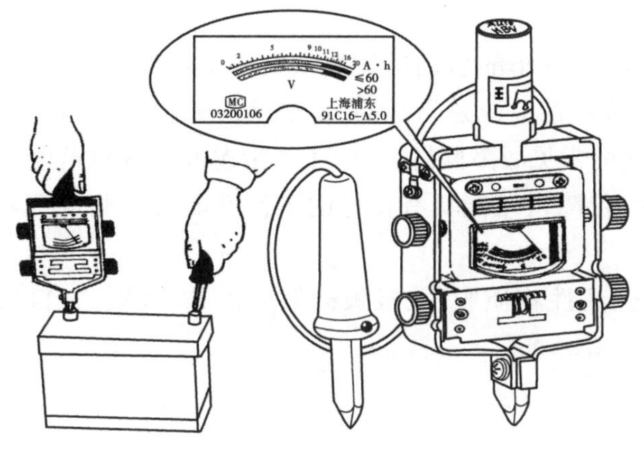

图 2.28 高率放电计检测蓄电池

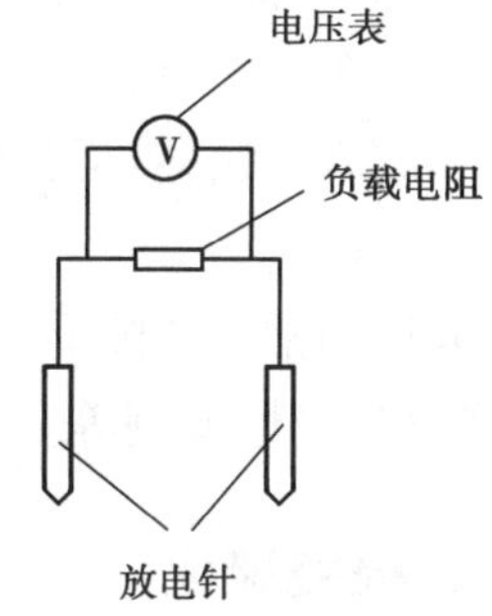

图 2.29 高率放电计结构

高率放电计是模拟起动机的工作状态,是检测蓄电池容量的仪表。它是由一只电压表和负载电阻组成的。由于在检测时,蓄电池对负载电阻的放电电流可达 100 A 以上,因此它能比较准确地判定蓄电池的容量和基本性能,是目前普遍使用的检测仪表。

以 12 V 蓄电池为例,使用方法如下:将高率放电计的正、负放电针分别压在蓄电池的正、负极柱上,保持 15 s,若电压保持在 9.6 V 以上,说明蓄电池性能良好;若电压稳定在 10.6 ~ 11.6 V,说明蓄电池存电充足;若电压迅速下降,说明蓄电池已损坏。

注意:此项测量不能连续进行,必须间隔 1 min 后可再次检测,以防止蓄电池损坏。

六、蓄电池电极桩的检测

蓄电池电极桩的检测,如图 2.30 所示。将电压表正表笔接到蓄电池的正极桩上,负表笔接到正极桩电缆线的线夹上,接通起动机,使起动机带动发动机工作,这时电压表的读数不得大于 0.5 V;否则,说明极桩与线夹接触不良,将引起启动困难。当极桩与线夹接触不良时,若是极桩表面氧化,应清除氧化物;若是接触松动,应重新紧固线夹。

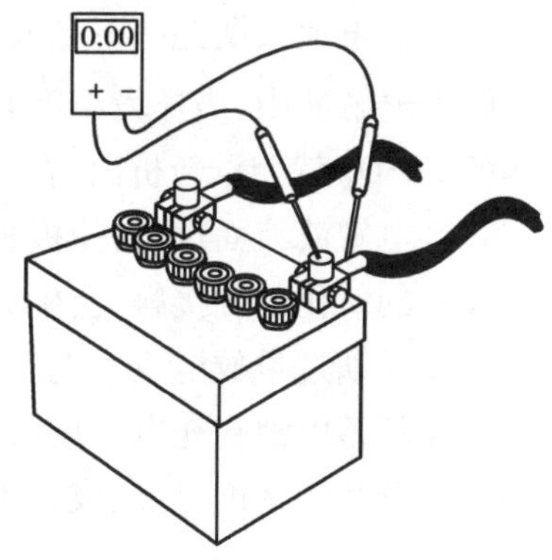

图 2.30 蓄电池电极桩的检测

任务七　掌握蓄电池常见故障的处理方法

蓄电池作为汽车重要的组成构件,为汽车的启动运行提供电力支持,使汽车的电机正常启动,并供给汽车点火及照明等。蓄电池是易耗品,蓄电池故障和寿命与汽车驾驶员的用车习惯有关。分析蓄电池的常见故障问题,及时了解情况并掌握对蓄电池的使用和维修方法,对延长电池寿命,保障汽车能具有良好的工作性能有着非常重要的意义。

蓄电池的常见故障有:极板硫化、活性物质脱落、极板栅架腐蚀、极板短路、自放电、单格电池极性颠倒等。

一、极板硫化

1. 故障特征

①极板上生成一层白色粗晶粒的 $PbSO_4$,在正常充电时,不能转换为 PbO_2 和 Pb。

②硫化的电池放电时,电压急剧降低,过早降至终止电压,电池容量减小。

③蓄电池充电时单格电压上升过快,电解液温度迅速升高,但密度增加缓慢,过早产生气泡,甚至一充电就有气泡产生。

2. 故障原因

①蓄电池长期充电不足或放电后没有及时充电,将导致极板上的 $PbSO_4$ 有一部分溶解于电解液中,当环境温度升高时,溶解度增大;当环境温度降低时,溶解度减小,溶解的 $PbSO_4$ 就会重新析出,在极板上再次结晶,形成硫化。

②电解液液面过低,使极板上部与空气接触而被氧化,在行车中,电解液上下波动与极板的氧化部分接触,会生成大晶粒 $PbSO_4$ 硬化层,使极板上部硫化。

③长期过量放电或小电流深度放电,可使极板深处活性物质孔隙内生成 $PbSO_4$。

④新蓄电池初充电不彻底,活性物质未得到充分还原。

⑤电解液密度过高、成分不纯,外部气温变化剧烈。

3. 排除方法

①轻度硫化的蓄电池,可用小电流长时间充电的方法予以排除。

②硫化较严重者采用去硫化充电方法消除硫化。

③硫化特别严重的蓄电池应报废。

二、活性物质脱落

1. 故障特征

活性物质脱落主要指正极板上的活性物质 PbO_2 的脱落。

蓄电池容量减小，充电时从加液孔中可以看到有褐色物质，电解液浑浊。

2. 故障原因

①蓄电池充电电流过大，电解液温度过高，使活性物质膨胀、松软而易于脱落。

②蓄电池经常过充电，极板孔隙中逸出大量气体，在极板孔隙中造成压力，而使活性物质脱落。

③经常低温大电流放电使极板弯曲变形，导致活性物质脱落。

④汽车行驶中的颠簸振动。

3. 排除方法

对活性物质脱落的铅蓄电池，若沉积物较少时，可清除后继续使用；若沉积物较多时，应更换新极板和电解液。

三、极板栅架腐蚀

1. 故障特征

极板栅架腐蚀主要是正极板栅架腐蚀，极板呈腐烂状态，活性物质以块状堆积在隔板之间，蓄电池输出容量降低。

2. 故障原因

①蓄电池经常过度充电，正极板处产生的 O_2 使栅架氧化。

②电解液密度、温度过高、充电时间过长，会加速极板腐蚀。

③电解液不纯。

3. 排除方法

①腐蚀较轻的蓄电池，电解液中如果有杂质，应倒出电解液，并反复用蒸馏水清洗，然后加入新的电解液，充电后即可使用。

②腐蚀较严重的蓄电池，如果是电解液密度过高，可将其调整到规定值，在不充电的情况下继续使用。

③腐蚀严重的蓄电池，如栅架断裂、活性物质成块脱落等，则需更换极板。

四、极板短路

1. 故障特征

蓄电池正、负极板直接接触或被其他导电物质搭接称为极板短路。极板短路的蓄电池充电时充电电压很低或为零，电解液温度迅速升高，密度上升很慢，充电末期气泡很少。

2. 故障原因

①隔板破损使正、负极板直接接触。
②活性物质大量脱落，沉积后将正、负极板连通。
③极板组弯曲。
④导电物体落入池内。

3. 排除方法

①出现极板短路时，必须将蓄电池拆开检查。
②更换破损的隔板，消除沉积的活性物质，校正或更换弯曲的极板组等。

五、自放电

1. 故障特征

蓄电池在无负载的状态下，电量自动消失的现象称为自放电。
如果充足电的蓄电池在30天内每昼夜容量降低超过2%，称为故障性自放电。

2. 故障原因

①电解液不纯，杂质与极板之间以及沉附于极板上的不同杂质之间形成电位差，通过电解液产生局部放电。
②蓄电池长期存放，硫酸下沉，使极板上、下部产生电位差引起自放电。
③蓄电池溢出的电解液堆积在电池盖的表面，使正、负极柱形成通路。

3. 排除方法

自放电较轻的蓄电池，可将其正常放完电后，倒出电解液，用蒸馏水反复清洗干净，再加入新电解液，充足电后即可使用；自放电较为严重时，应将电池完全放电，倒出电解液，取出极板组，抽出隔板，用蒸馏水冲洗之后重新组装，加入新的电解液重新充电后使用。

六、单格电池极性颠倒

1. 故障特征

单格电池原来的正极板变成负极板，负极板变成正极板。此时，蓄电池电压迅速下降，不能继续使用。

2. 故障原因

没有及时发现有故障的单格电池(如极板短路、活性物质脱落等)，当蓄电池放电时，该单格电池由于容量小，首先放电至零，再继续放电时，其他单格电池的放电电流对它进行充电，使其极性颠倒。

3. 排除方法

对极性颠倒的单格电池应更换新极板。

【项目小结】

(1)蓄电池是一种将化学能转换成电能的装置，是可逆的低压直流电源。它既能将化学能转换为电能，也能将电能转换为化学能。

(2)每个单格蓄电池提供 2.1 V 的电压。把 6 个单格电池串联起来后，就构成了可以给汽车电气系统提供 12.6 V 电压的汽车蓄电池，即通常标称的 12 V 蓄电池。

(3)铅酸蓄电池的种类有普通铅酸蓄电池、干荷蓄电池、免维护蓄电池、混合型蓄电池、封闭式蓄电池。

(4)在充电过程中，使充电电流(一般蓄电池容量的 0.1 倍以下，如 60 A · h 蓄电池不大于 6 A)保持恒定的充电方法称为定电流充电法，简称定流充电。

(5)在充电过程中，始终保持充电电压不变的充电方法称为定压充电。

(6)蓄电池常见故障有极板硫化、活性物质脱落、极板栅架腐蚀、极板短路、自放电、单格电池极性颠倒等。

【习　题】

一、选择题

1. 铅蓄电池的内阻大小主要取决于(　　)。

   A. 极板的电阻　　B. 电解液的电阻　　C. 隔板的电阻

2. 蓄电池亏电长期放置不用，容易造成(　　)。

   A. 极板硫化　　B. 极板短路　　C. 活性物质脱落

3. 蓄电池额定容量与(　　)有关。

   A. 单格数　　B. 电解液数量　　C. 单格内极板片数　　D. 温度

4. (　　)铅蓄电池使用前，一定要经过初充电。

A. 干荷电　　B. 普通　　C. 免维护

5. 蓄电池电解液的相对密度一般为(　　)g/cm³。

A. 1.24～1.28　　B. 1.15～1.20　　C. 1.35～1.40

6. 蓄电池在放电过程中,其电解液的密度是(　　)。

A. 不断上升的　　B. 不断下降的　　C. 保持不变的

7. 蓄电池在正常使用过程中,如发现电解液的液面下降,应及时补充(　　)。

A. 电解液　　B. 稀硫酸　　C. 蒸馏水

8. 蓄电池放电时,端电压逐渐(　　)。

A. 上升　　B. 不变　　C. 下降

9. 蓄电池电解液的温度下降,会使其容量(　　)。

A. 增加　　B. 下降　　C. 不变

10. 蓄电池极板上的活性物质在放电过程中都转变为(　　)。

A. 硫酸铅　　B. 二氧化铅　　C. 铅

二、判断题

1. 汽车行驶中充电指示灯亮表示蓄电池处于充电状态。(　　)

2. 将蓄电池的正、负极板各插入一片到电解液中,即可获得 12 V 的电动势。(　　)

3. 在放电过程中,蓄电池的放电电流越大,具容量就越大。(　　)

4. 蓄电池主要包括极板、隔板、电解液和外壳等。(　　)

5. 蓄电池极板硫化的原因主要是长期充电不足和电解液不足。(　　)

6. 在一个单格蓄电池中,负极板的片数总比正极板多一片。(　　)

7. 在定电压充电过程中,其充电电流也是定值。(　　)

8. 如果将蓄电池的极性接反,结果有可能将发电机的磁场绕组烧毁。(　　)

9. 为了防止冬天结冰,蓄电池电解液的密度越高越好。(　　)

三、连线题

封闭式蓄电池	电压稳定、价格便宜,使用寿命短和日常维护频繁
免维护蓄电池	暴露在高温环境下,会产生栅格板
普通铅酸蓄电池	是一种完全密封的醛酸蓄电池,没有电解液
干式荷电蓄电池	能耐受多次过度充放电仍能保持最初的储备容量
混合型蓄电池	在出厂时没有添加电解液,当使用时才开始添加电解液

四、简答题

1. 为什么单格电池内负极板比正极板多一片?

2. 汽车蓄电池产生硫化的原因是什么?怎样才能避免硫化和解决硫化?

3. 影响蓄电池容量的使用因素有哪些?应注意什么?

项目三　启动系统

【项目描述】

现代汽车发动机以电动机作为启动动力，在启动系统里把电动机称为起动机。启动系统最重要的部分是起动机。起动机可以将蓄电池的电能转换为机械能，驱动发动机飞轮旋转实现发动机的启动。发动机在自身动力运转之前，必须借助外力旋转。发动机借助外力由静止状态过渡到能自行运转的过程，称为发动机的启动。本项目将从汽车启动系统概述、起动机的结构、起动机的工作原理与工作过程、起动机的使用与检修4个方面进行阐述。

【学习目标】

- 了解汽车启动系统的概况；
- 理解汽车启动系统的构成与启动电路；
- 理解汽车启动系统的工作原理；
- 掌握汽车启动系统的作用及要求；
- 掌握汽车启动系统各部分的组成及作用。

【技能目标】

- 能对启动系统的常见故障进行诊断与排除；
- 能对启动系统技术状况进行检查和维护。

任务一 认识启动系统

要使发动机由静止状态过渡到工作状态,必须用外力转动发动机的曲轴,使汽缸内吸入(或形成)可燃混合气并燃烧膨胀,工作循环才能自动进行。曲轴在外力作用下开始转动到发动机自动怠速运转的全过程,称为发动机的启动。

发动机启动的方法有很多,汽车发动机的启动是用电动机作为机械动力,当电动机轴上的齿轮与发动机飞轮周缘的齿圈啮合时,动力就传到飞轮和曲轴,使之旋转。目前,绝大多数汽车发动机都采用电动机启动。

一、启动系统的基本组成

启动系统一般由蓄电池、起动机、启动开关(点火开关)、启动继电器和安全启动开关(空挡启动开关)等组成(图3.1)。

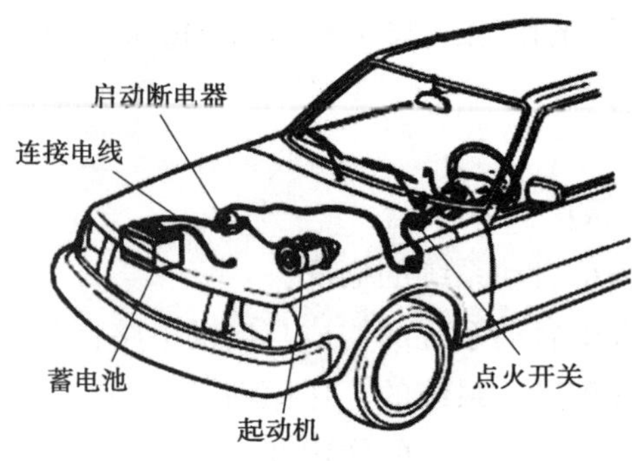

图3.1 启动系统的基本组成

二、起动机的组成

起动机一般由直流电动机、传动机构和控制装置3部分组成。

①直流电动机:其作用是产生电磁转矩。

②传动机构(或称啮合机构):其作用是在发动机启动时,使起动机驱动齿轮啮入飞轮齿环,将起动机转矩传给发动机曲轴;而在发动机启动后,使驱动齿轮打滑与飞轮齿环自动脱开。

③控制装置(即开关):其作用是接通和切断起动机与蓄电池之间的电路。在有些汽车上,控制装置还具有接入和隔除点火线圈附加电阻的作用。

三、起动机的作用

起动机的作用是利用起动机将蓄电池的电能转换为机械能,再通过传动机构将发动机拖转启动。

四、起动机的分类

汽车的启动系统电路种类繁多,其功能不同,但基本原理相同。

在各种起动机的3个组成部分(直流电动机、传动机构、控制装置)中,电动机部分一般没有本质的差别,而控制方法和传动机构的啮入方式则有很大差异,因此起动机是按控制方法和传动机构的不同来分类的。起动机可分为4种:惯性啮合式起动机、机械啮合式起动机、电磁啮合式起动机和电枢移动式起动机。

①惯性啮合式起动机和机械啮合式起动机由于其结构的限制,目前已基本不被采用。

②电磁啮合式起动机结构简单、工作可靠,在现代汽车上被广泛应用,各种轿车上几乎都采用电磁啮合式起动机。

③电枢移动式起动机主要应用于大功率的柴油发动机上。

任务二 了解起动机的结构

为了在启动发动机时,使起动机能产生强大的电磁转矩,励磁绕组与电枢绕组一般采用串联方式连接,称为直流串励式电动机。直流串励式电动机具有启动转矩大、启动转速低、启动安全可靠等许多优点,适于发动机启动。励磁绕组与电枢绕组可以以不同的方式串联。

大体上说,起动机用3个部件(直流电动机、传动机构、控制装置)来实现整个启动过程。直流电动机引入来自蓄电池的电流并使起动机的驱动齿轮产生机械运动。传动机构将驱动齿轮啮合入飞轮齿圈,同时能够在发动机启动后自动脱开。

起动机电路的通断则由一个电磁开关来控制。其中,电动机是起动机内部的主要部件,其工作原理就是我们在初中物理中所接触的以安培定律为基础的能量的转化过程,即通电导体在磁场中的受力作用。电动机包括必要的电枢、换向器、磁极、电刷、轴承和外壳等部件。

一、电磁啮合式起动机

电磁啮合式起动机由直流电动机、传动机构和电磁操纵机构等部分组成,如图3.2所示。

1. 直流电动机

直流电动机具有启动转矩大的特点,因而在电磁啮合式起动机中,广泛采用直流电动机。直流电动机由磁极、电枢、换向器组成,如图3.3所示。

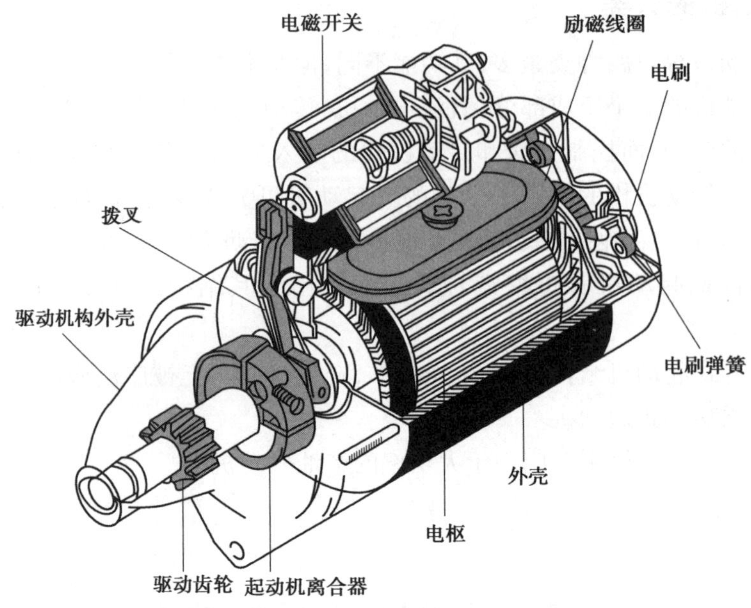

图 3.2　电磁啮合式起动机

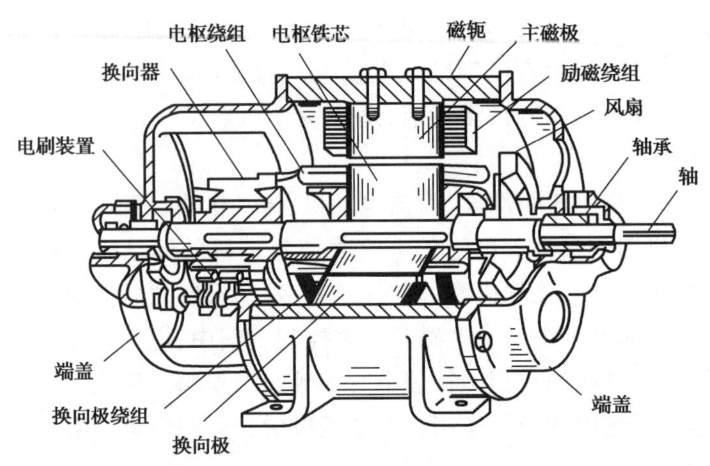

图 3.3　直流电动机

(1)磁极(定子)

磁极的作用是产生磁场,由铁芯和磁场绕组组成。

磁极是直流电动机的定子部分,用来产生电动机运转所需的磁场,它由磁极铁芯、安装在磁极铁芯上的励磁绕组及机壳组成。

磁极铁芯用硅钢片叠加而成,并用螺钉固定在机壳内壁上。为增强磁场、增大转矩,车用起动机通常采用 4 个磁极,少数大功率起动机采用 6 个磁极,每个磁极铁芯上都缠有励磁绕组,并通过外壳构成磁回路。励磁绕组通常是用较粗的矩形截面的裸铜线绕制,匝间用绝缘纸绝缘,外部用玻璃纤维带包扎后套在磁极铁芯上。当直流电压作用于励磁绕组的两端时,励磁绕组的周围产生磁场并使磁极铁芯磁化,使其成为具有一定极性的磁极,并且4个磁极的N极与S极相间排列,形成起动机的磁场。励磁绕组的连接方式如图3.4所示。

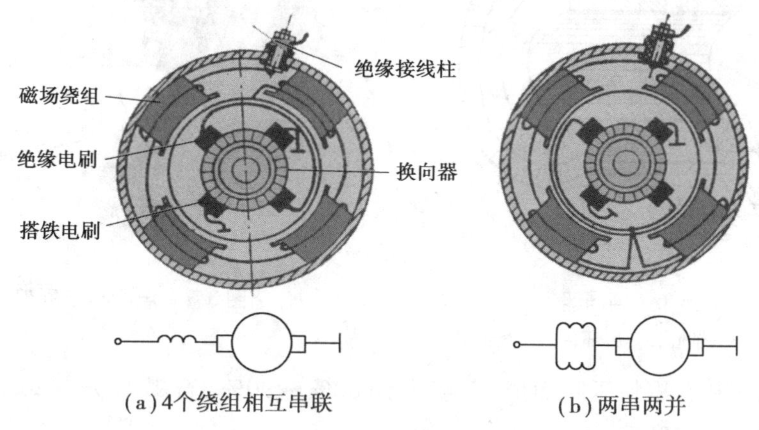

图3.4 励磁绕组的连接方式

(2)电枢总成(转子)

电枢总成由电枢和换向器组成,如图3.5所示。电枢是产生电磁转矩的核心部件,主要由电枢轴、电枢铁芯、电枢绕组组成。电枢是直流电动机的转子部分,用来将电能转换为机械能,即在起动机通电时,与磁场相互作用而产生电磁转矩。

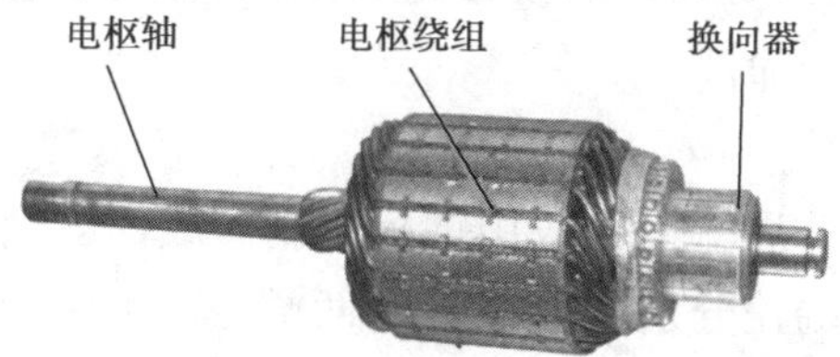

图3.5 电枢总成

电枢铁芯由外圆带槽的钢片叠成,压装在电枢轴上;铁芯的外槽内嵌有绕组,绕组用粗大的矩形截面裸铜线绕制而成,并且多采用波绕法,以便结构紧凑,同时可通过较大的电流,获得较大的电磁力矩。为防止电枢绕组搭铁和匝间短路,在电枢绕组、铁芯之间和电枢绕组间用绝缘纸隔开。

电枢绕组各线圈的两端焊接在相应铜片的接线凸缘上,经过绝缘电刷和搭铁电刷分别与起动机磁场绕组的一端和起动机壳体连接。

电枢轴除了铁芯和换向器外,还有螺旋槽和花键槽,以便安装传动装置,电枢轴两端通过轴承支承在起动机前后端盖上。

换向器是用来连接励磁绕组与电枢绕组的电路,其作用是使电枢绕组中的电流方向成为交变的,以保证电磁转矩方向始终不变。

换向器由一定数量的燕尾形铜片组成(图3.6),并用轴套和压环组装成一个整体,压环装在电枢轴上,铜片与轴套、压环之间均用云母或硬塑料片绝缘。

(3)电刷与电刷架

电刷与电刷架的作用是将电流引入电动机,其结构如图3.7所示。

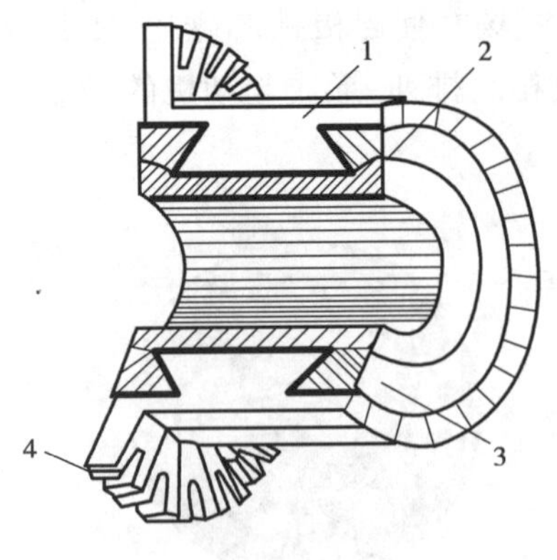

图 3.6 换向器

1—铜片;2—轴套;3—压环;4—接线突缘

图 3.7 电刷与电刷架

电刷用铜和石墨粉压制而成,一般含铜 80% ~90%,石墨 10% ~20%,以减小电刷电阻并增加其耐磨性。

一般起动机电刷个数等于磁极个数,也有些大功率起动机的电刷个数等于磁极个数的 2 倍,以便减少电刷上的电流密度。有些小功率高速起动机的电刷弹簧采用螺旋弹簧,多数起动机的电刷弹簧采用碟形弹簧。

电刷架采用箱式结构,铆装于前端盖上。电刷装于架内,并用弹簧压紧在转向器的外圆表面。电刷与转向器有较大的接触面积,应尽量减小电刷与转向器之间的接触电阻,并延长电刷的使用寿命。

(4)端盖、机壳

端盖分为前、后两个。后端盖一般用钢板压制而成,其上装有 4 个电刷架;前端盖用铸铁浇铸而成。前、后端盖分别装在机壳的两端,靠两个长螺栓与起动机壳紧固在一起,如图 3.8 所示。机壳是电动机的磁极和电枢的安装机体。同时起动机的电磁开关也安装在机壳上,其上有一绝缘接线端,是电动机电流引入线的接线端。

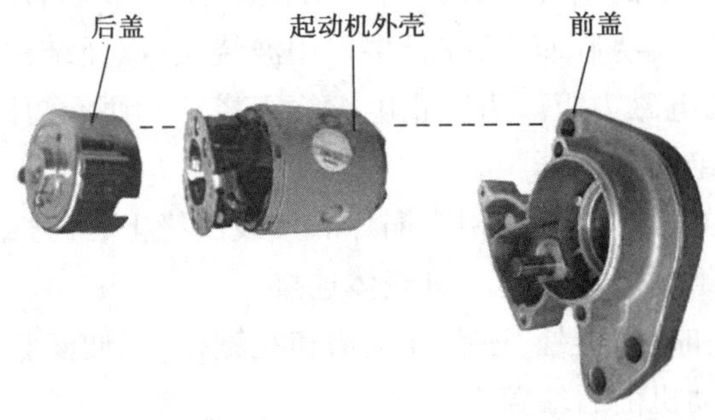

图 3.8 端盖与机壳

2. 传动机构

传动机构的作用是将直流电动机的转矩传递给发动机的飞轮,以带动发动机的转动。

起动机的传动机构安装在电动机电枢的延长轴上,用来在启动发动机时将驱动齿轮与电枢轴连成一体，使发动机启动。发动机启动后，飞轮转速提高，它将带着驱动齿轮高速旋转，会使电枢轴因超速旋转而损坏。因此，在发动机启动后飞轮的转速超过电枢轴的正常转速时，传动机构应使发动机飞轮与电枢轴自动脱开，防止电动机超速。

为此，起动机的传动机构中必须有超速保护装置，简称单向离合器，也称超越离合器。单向离合器启动后切断起动机与发动机的连接，防止发动机启动后，起动机超速。常用的单向离合器有滚柱式、弹簧式、摩擦片式等形式。

传动机构的主要部件是单向离合器，它的作用是单方向传递转矩。单向离合器只传递起动机到发动机飞轮的转矩，以免发动机启动后，飞轮带动起动机电机超速旋转而损坏。

此外，为了在启动发动机时，曲轴能获得足够的启动转矩和必要的转动转速，使发动机能迅速可靠地启动，除选用足够功率的起动机和简单可靠的控制电路外，还必须正确选择驱动齿轮和飞轮齿圈的齿数，以获得适当的传动比，该传动比一般为15∶1～20∶1。

正常启动发动机所需的转速为200 r/min，如果起动机与启动机构的速比为18∶1，起动机将以3 600 r/min旋转。

(1)滚柱式单向离合器

①结构：滚柱式单向离合器由驱动齿轮、十字块、滚柱和弹簧等组成。离合器总成套装在电枢轴的花键上，可轴向移动。

②工作原理：启动时，拨叉将离合器推出，驱动齿轮与飞轮啮合，电动机通电后，带动十字块旋转。此时十字块处于主动状态，使滚柱滚入窄端，将十字块与外壳卡紧。启动后，飞轮齿圈带动驱动齿轮与外壳高速旋转，当转速超过十字块时，就迫使滚柱滚入宽端，各自自由滚动起着保护作用。

滚柱式单向离合器结构简单，能可靠地传递中小扭矩，因而在汽油发动机中被广泛应用(图3.9)。

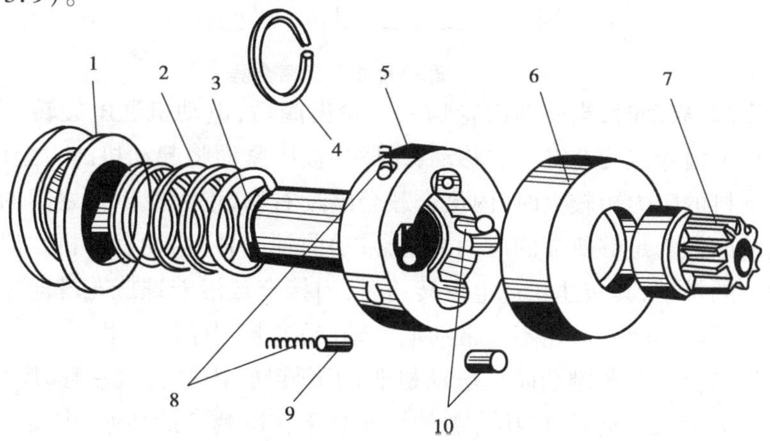

图3.9 滚柱式单向离合器的结构

1—拨环；2—弹簧；3—传动导管；4—卡簧；5—外座圈；6—铁皮外壳；
7—驱动齿轮；8—滚柱弹簧；9—弹簧帽；10—滚柱

(2)摩擦片式单向离合器

①结构:如图3.10所示,摩擦片式单向离合器由内、外接合毂,主、从动摩擦片等组成(图3.11)。外接合毂与小齿轮一体,套装在电动机轴上,内接合毂通过内花键与电动机的轴接合。从动摩擦片(青铜材料)装入外接合毂的切槽中,主动摩擦片插入内接合毂的切槽内,主、从动摩擦片相间排列。离合器工作时,利用两者的摩擦方法传递转矩。摩擦片式单向离合器的组成,如图3.12所示。

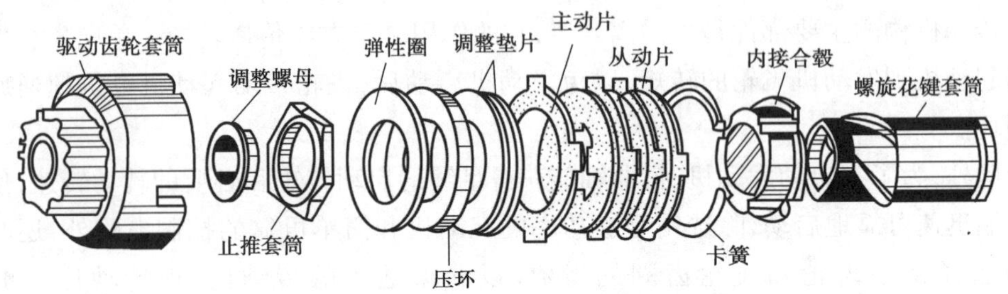

图3.10　摩擦片式单向离合器的结构

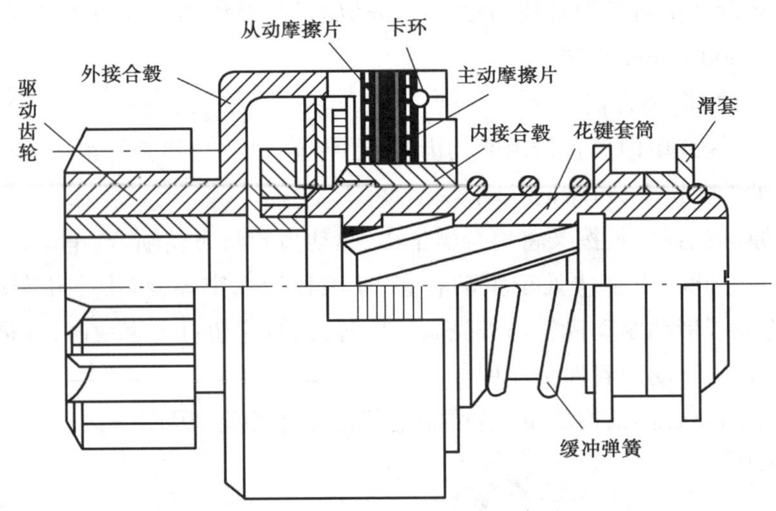

图3.11　摩擦片式单向离合器

②工作原理:启动时,当驱动齿轮啮入飞轮齿圈后,电动机通电旋转,内接合毂在惯性力的作用下沿着螺旋花键向右移动,摩擦片被压紧而将起动机的力矩传递给驱动齿轮。当发动机的阻力矩较大时,内接合毂会继续右移,增大摩擦片之间的压力,直到摩擦片之间的摩擦力足够所需的启动力矩,带动曲轴旋转,启动发动机。启动后,驱动齿轮被飞轮齿圈带动,其转速超过电枢转速时,内接合毂沿着螺旋花键向左退出,摩擦片之间的压力消除。驱动齿轮不会带动电枢轴旋转,起到保护作用。

简单地说,启动时,花键套筒在电动机驱动下旋转,内接合毂左移,摩擦片被压紧而传递转矩。发动机启动后,内接合毂的转速高于花键套筒的转速,内接合毂右移,摩擦片被放松而打滑。

摩擦片式单向离合器的结构复杂,但它能传递较大的力矩,工作十分可靠,因此,在柴油发动机上得到应用。

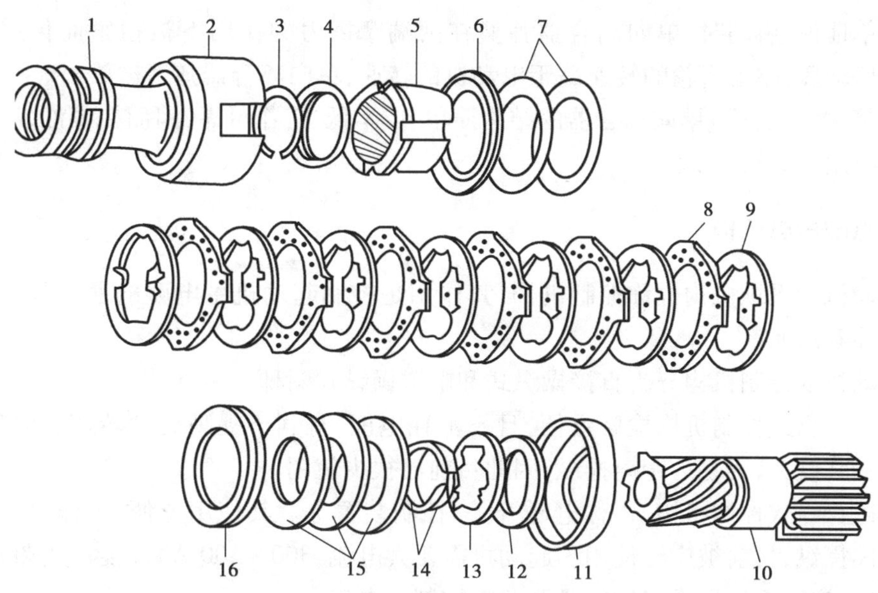

图 3.12　摩擦片式单向离合器的组成

1—拨叉环;2—主动盘;3—卡环;4—锁圈;5—被动盘;6—压盘;7—调整垫圈;
8—主动摩擦片;9—从动摩擦片;10—驱动齿轮轴套;11—后端盖;12—挡圈;
13—锥面盘;14—半圆卡环;15—保险弹簧垫圈;16—承推环

(3)弹簧式单向离合器

①结构:弹簧式单向离合器由驱动齿轮、连接套筒和螺旋弹簧组成(图 3.13),连接套筒与电枢轴通过花键连接,连接套筒与驱动齿轮外面套有扭力弹簧,其两端内径较小,分别箍紧在齿轮和套筒上。

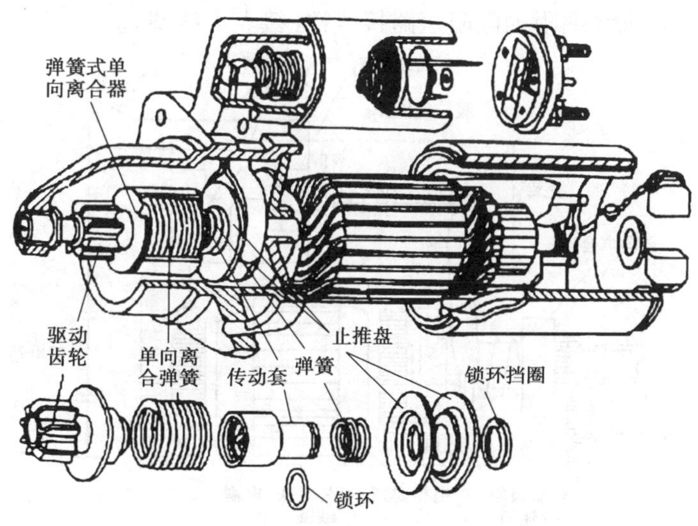

图 3.13　弹簧式单向离合器结构

②工作原理:启动时,电枢轴带动连接套筒旋转,扭力弹簧顺其旋转方向扭转,圈数增加,内径变小,将齿轮柄与连接套筒包紧,成为整体。这样电动机的力矩传给驱动齿轮,带动曲轴旋转,启动发动机。启动后,驱动齿轮转速高于电枢转速,扭力弹簧被反向扭转,内径变大,齿轮与连接套筒松脱,各自转动,起保护作用。

简单地说,启动时,单向离合器弹簧在两端摩擦力的作用下被扭紧而传递转矩。发动机启动后,驱动齿轮的转速高于电动机的转速,单向离合器弹簧被放松。

扭簧式(弹簧式)单向离合器的结构简单、成本低、工作可靠,因而在柴油发动机中被广泛应用。

3. 电磁操纵机构

起动机的操纵机构也称控制机构,其作用是控制起动机主电路的通、断和驱动齿轮的移除和退回。

起动机的控制机构分为直接操纵式和电磁操纵式两种。

直接操纵式控制机构检修方便,且不消耗电能,有利于提高启动转速。但是驾驶员的劳动强度大,不易远距离操纵,因此目前已很少使用。

电磁操纵式控制机构,俗称电磁开关、控制装置等。其使用方便,工作可靠,并适合远距离操纵,目前被广泛使用。起动机需要大电流(300 ~400 A)才能产生带动发动机的转矩,启动系统通常使用电磁开关来控制大电流。

电磁操纵机构有两个线圈,一个与电枢绕组串联,能产生较大的磁场力,称为吸拉线圈;另一个与电动机并联,在吸拉线圈被短路后,提供磁场力,保持铁芯被吸住,称为保持线圈。

电磁开关主要由吸拉线圈、保持线圈、活动铁芯、接触盘等组成(图 3. 14)。其中吸拉线圈与电动机串联,保持线圈与电动机并联,直接搭铁。活动铁芯一端通过接触盘控制主电路的导通;另一端通过拨叉控制驱动齿轮的啮合。在起动机电磁开关上有3 个接线柱:主接线柱(接蓄电池的启动电缆线)、启动接线柱(接点火开关启动挡 ST 或启动继电器)、点火线圈附加电阻短路接线柱(接点火线圈)。

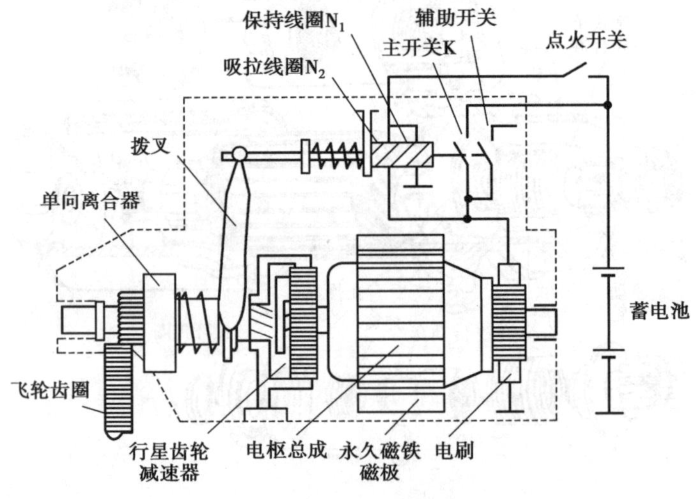

图 3. 14　电磁开关结构

二、减速起动机

减速起动机是在直流电动机与驱动齿轮之间增加一套减速机构,以达到减速增扭的目的。这样,电动机的体积和质量可以减小,工作电流也减小,从而延长了蓄电池的使用寿命。减速装置的作用是通过转矩的倍增,使起动机的输出特性适应发动机的启动要求。齿轮减速比一般为 3 ~5。

减速起动机的减速机构分为外啮合式、内啮合式和行星齿轮式 3 种,如图 3.15、图 3.16 所示。

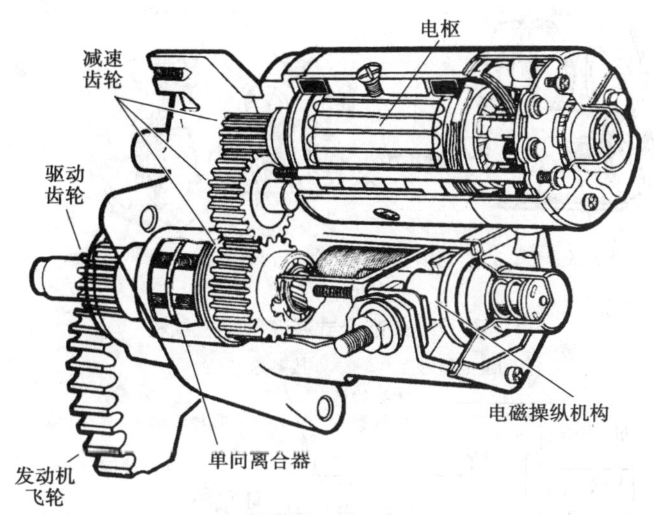

图 3.15 减速起动机结构

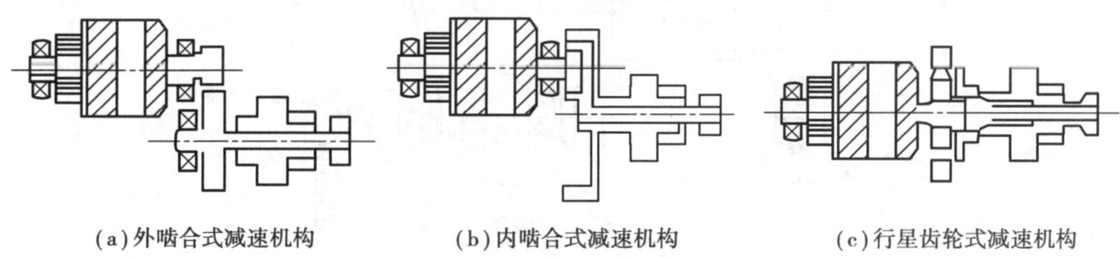

图 3.16 减速起动机的 3 种类型

1. 外啮合式

该类型起动机的传动中心距离为 30 mm 左右,在电枢轴与驱动齿轮之间,利用惰轮作中间传动,且电磁开关铁芯与驱动齿轮同轴心,电磁开关直接推动驱动齿轮与飞轮齿圈啮合,无须拨叉,起动机的减速传动效率高,成本适中,广泛应用于小功率的起动机上(图 3.17)。

2. 内啮合式

该类型起动机的传动中心距离为 20 mm 左右,减速传动效率高,但成本也高,其结构如图 3.18 所示。

3. 行星齿轮式

该类型起动机的传动中心距离为零,输出轴与电枢轴同心,可使整机尺寸减小。同时该类型起动机传动比最大,可达 4.5∶1,大大减少了起动机的启动电流。

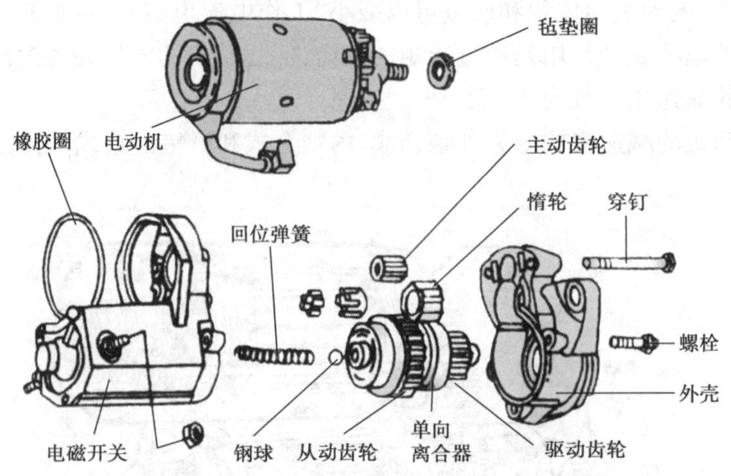

图 3.17　外啮合式减速起动机结构

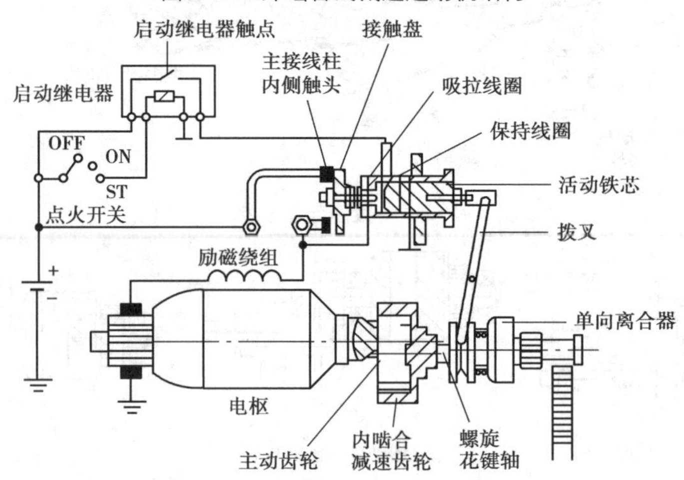

图 3.18　内啮合式减速起动机结构

行星齿轮减速器具有质量小、噪声低、安装方便等特点，因而在中高档轿车上得到广泛应用(图 3.19)。

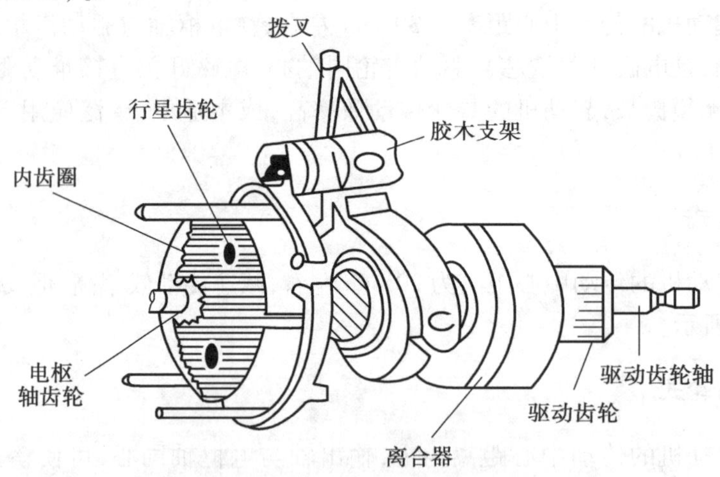

图 3.19　行星齿轮减速装置结构

减速起动机增加了单位质量的输出功率；缩小了外部尺寸，便于安装；同时也提高了启动转矩，有利于发动机的低温启动；减轻了蓄电池的负担，延长了使用寿命。

三、永磁起动机

永磁起动机的电动机磁极用永磁材料制成，它具有体积小、质量小，机械特性和换向性能得到改善，换向火花造成的高频干扰减小，提高了起动机的工作可靠性等特点。

由于永磁式电动机的机械特性较差，因此永磁式电动机必须配有减速机构，即永磁起动机一般都是永磁式减速起动机。

永磁式减速起动机具有永磁起动机和减速起动机的共同特点，因此起动机的体积和质量大大减小，电路简化，起动机的拆装和维修十分方便，目前已广泛应用于各种轿车上（图 3.20）。

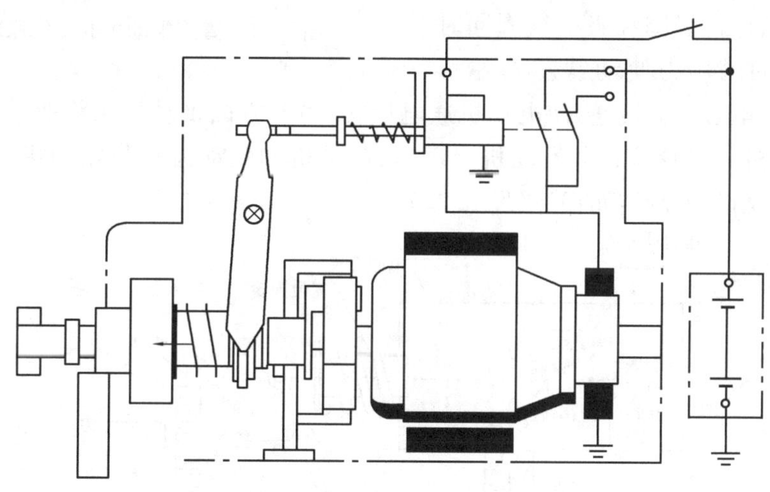

图 3.20　永磁式减速起动机

任务三　了解起动机的工作原理与工作过程

一、直流电动机的工作原理

直流电动机的工作原理如图 3.21 所示，在磁场中放置一个线圈，线圈的两点分别与 2 片换向片连接，2 只电刷分别与 2 片换向片接触，并与蓄电池的正极或负极接通。电流方向为蓄电池正极→励磁绕组→正电刷→换向片→电枢绕组→负电刷→蓄电池负极。

当电枢绕组中有电流通过时，电枢导体的周围产生磁场，该磁场与磁极磁场相互作用，产生使电枢轴旋转的力矩，称为电磁力矩或电磁转矩。电磁转矩的大小与流过电枢导体中的电流大小（电枢电流）和磁极磁场的强度（磁极磁通）有关。

二、起动机的工作原理

当驾驶员要启动发动机时，将点火钥匙插入点火开关，旋转点火钥匙至“ON”位置，蓄电池给发动机电控系统供电；当旋转至“START”位置时，汽车的启动系统工作，起动机的驱动齿轮与发动机的飞轮齿环相啮合，起动机的直流电动机旋转，从而将转矩通过齿轮与飞轮传到曲轴，使曲轴旋转启动发动机。

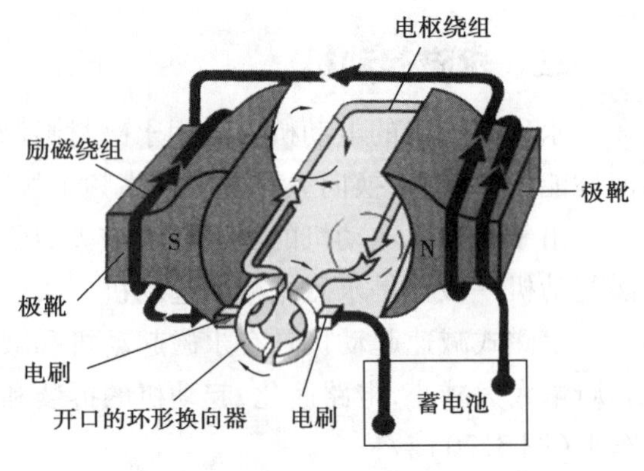

图 3.21　直流电动机的工作原理

启动时，保持线圈和吸引线圈同时通电，产生的磁场力使动铁芯向左移动，一方面使电磁开关接通，使电动机通电运转；另一方面带动拨叉将驱动齿轮推出，使之与发动机的飞轮啮合。发动机启动后，起动机的驱动齿轮与发动机飞轮迅速分离，防止起动机超速旋转而损坏(图 3.22)。

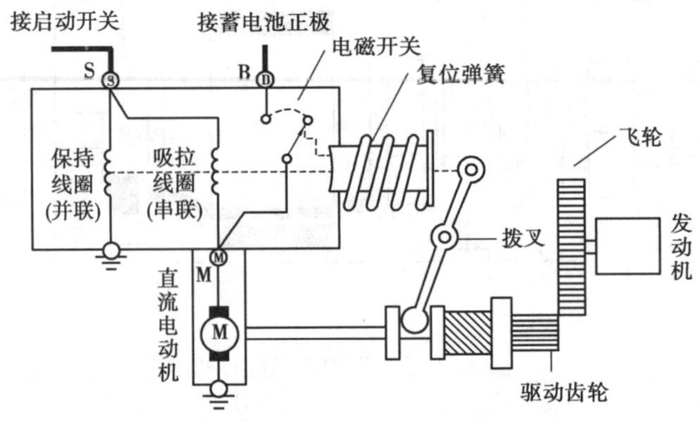

图 3.22　起动机的工作原理

三、常见的启动电路

1. 基本启动电路

基本启动电路如图 3.23 所示。

2. 带启动继电器的启动控制电路

带启动继电器的启动控制电路如图 3.24 所示。当点火开关打到 ST 挡时，蓄电池经点火开关给启动继电器中的磁化线圈供电(电流很小)，使继电器中的常开触点闭合，这样蓄电池电流经主接线柱、继电器的触点到起动机电磁开关上的启动接线柱，起动机开始正常工作。

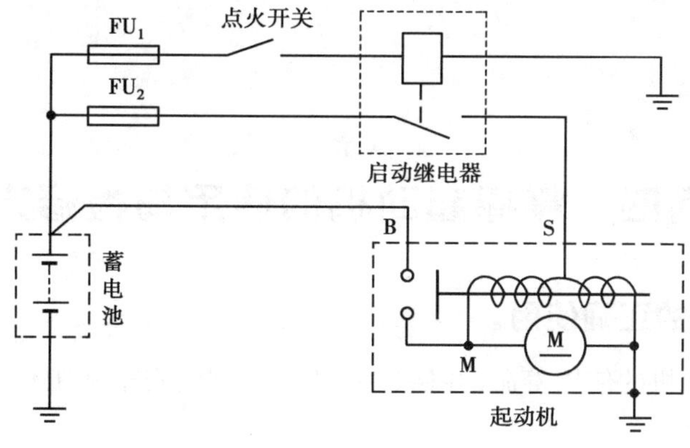

图 3.23 基本启动电路

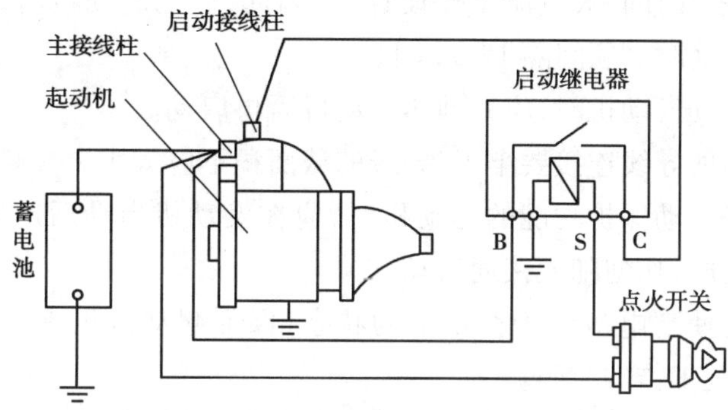

图 3.24 带启动继电器的启动控制电路

3. 设有空挡启动开关的启动电路

对装有自动变速器的汽车，要求只有变速器在 P 位(停车挡)或 N 位(空挡)时，起动机才能工作；否则启动发动机时，汽车不是向前行驶就是向后退而发生事故。为此装备自动变速器的汽车，在启动系统中都设有"空挡启动开关"或称为安全开关。当自动变速器在 P 位或 N 位之外任何挡时，此开关都是断开的，即将起动机控制电路断开，使起动机无法工作。

具有安全开关的启动电路如图 3.25 所示。

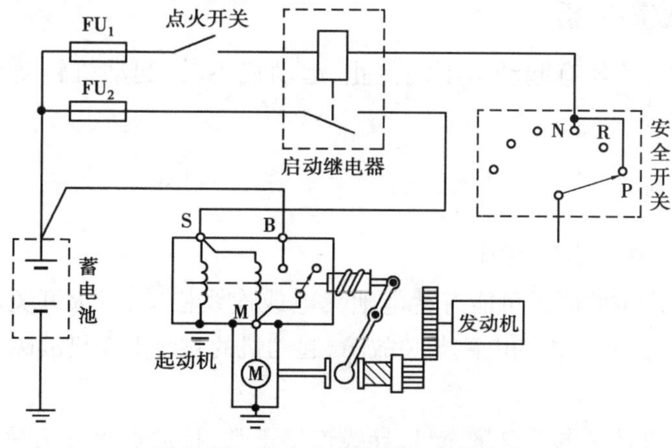

图 3.25 具有安全开关的启动电路

P—驻车挡；R—倒车挡；N—空挡

任务四　掌握起动机的使用与检修方法

一、起动机的正确使用

为了延长起动机的使用寿命,并保证能迅速、可靠、安全地工作,使用起动机必须注意以下几点:

①起动机是按短时间、大电流工作设计的,因此,使用起动机时,每次工作时间不得超过 5 s,重复启动时必须间隔 15 s 以上。

②在低温下启动发动机时,应先预热发动机后再启动。

③起动机电路的导线连接要牢固,导线的截面积不应太小。

④使用不具备自动保护功能的起动机时,应在发动机启动后迅速断开启动开关。在发动机正常运转时,切勿随便接通启动开关。

⑤应尽可能地使蓄电池处于充足电的状态,保证起动机正常工作时的电压和容量,减少起动机重复工作的时间。

⑥应定期对起动机进行全面的保养和检修。

二、起动机的维修注意事项

起动机的维修注意事项如下所述。

①在车上进行启动检测之前,一定要将变速器挂上空挡,并实施驻车制动。

②在拆卸起动机之前,应先拆下蓄电池的搭铁电缆线。

③有些起动机在起动机与法兰盘之间使用了多块薄垫片,在装配时应按原样装回。

三、常见故障分析

起动机的常见故障有起动机不能停止、起动机不转、起动机转动无力、起动机空转、起动机有异响。

1. 起动机不转

(1)起动机不转产生的原因

起动机不转产生的原因可能有蓄电池无电或连线松动、点火开关触点不通、启动继电器工作不正常、起动机的电磁开关故障、起动机的直流电动机故障等。

(2)排除方法

如果故障现象是蓄电池电量充足,导线连接正常,接通点火开关后起动机不转,则可能是起动机、组合继电器和连接导线与开关等损坏或工作不良。

①检查导线的连接和开关的工作情况。

②判断故障在起动机还是在组合继电器:用导线短接起动机电磁开关上的两接线柱,启动发动机,如果起动机运转,故障在组合继电器;如果起动机不运转,故障在起动机。

③判断故障在电动机还是在电磁开关上:用导线短接起动机上两主接线柱,如果电动机运转,故障在电磁开关;否则,故障在电动机。

2. 起动机转动无力

(1)起动机转动无力产生的原因

起动机转动无力产生的原因可能有蓄电池充电不足或连线松动、电磁开关氧化造成接触不良、电刷磨损或弹簧弹力不足、直流电动机的绕组局部短路等。

(2)检查内容

如果故障现象是起动机转动缓慢无力,带动发动机困难或接通启动开关后,起动机只有“咔嗒”一声并不转动,则可能是蓄电池、点火开关、起动机和连接导线等损坏或工作不良。

①检查蓄电池电量、导线连接情况。

②检查电磁开关主触点的接触情况。

③检查电磁开关的工作情况。

3. 起动机转动但发动机不转

(1)起动机转动但发动机不转产生的原因

起动机转动但发动机不转产生的原因可能有单向离合器打滑、拨叉损坏、飞轮或驱动齿轮打坏等。

(2)检查内容

如果故障现象是接通启动开关,起动机空转,则单向离合器打滑、拨叉损坏、飞轮或驱动齿轮打坏都有可能。

①检查起动机主开关接触盘行程,若过短,则造成电磁开关提前接触,会听到轻微的摩擦声。

②检查驱动齿轮或飞轮齿圈是否严重磨损、打滑。

③检查单向离合器是否有打滑现象。

4. 起动机不能停止

起动机不能停止产生的原因可能有点火开关不能复位、电磁开关触点熔焊、铁芯卡死而不能复位等。

5. 起动机工作有异常响声

起动机工作有异常响声产生的原因可能有轴承磨损、驱动齿轮磨损或损坏、减速起动机的减速传动机构损坏、起动机安装螺栓松动、电枢轴向间隙过大等。

【项目小结】

(1)启动系统一般由蓄电池、起动机、启动开关(点火开关)、启动继电器和安全启动开关(空挡启动开关)等组成。

(2)起动机一般由直流电动机、传动机构、控制机构3部分组成。直流串励式电动机,其作用是产生电磁转矩。传动机构(或称啮合机构),其作用是在发动机启动时,使起动机驱动齿轮啮入飞轮齿环,将起动机转矩传给发动机曲轴,而在发动机启动后,使驱动齿轮打滑与飞轮齿环自动脱开。控制机构(即开关),其作用是接通和切断起动机与蓄电池之间的电路。

(3)起动机的作用是利用起动机将蓄电池的电能转换为机械能,再通过传动机构将发动机拖转启动。

(4)直流串励式电动机由磁极、电枢、换向器组成。

(5)磁极的作用是产生磁场,由铁芯和磁场绕组组成。

(6)转子是用来产生电磁转矩。

(7)换向器由一定数量的燕尾形铜片组成,其作用是使电枢绕组中的电流方向是交变的,以保证电磁转矩方向始终不变。

(8)传动机构的作用是将直流电动机的转矩传递给发动机的飞轮,以带动发动机的转动。

(9)常用的单向离合器有滚柱式、弹簧式、摩擦片式等多种形式。滚柱式单向离合器结构简单,能可靠地传递中小扭矩,因而在汽油发动机中被广泛应用。

(10)起动机的操纵机构也称控制机构,其作用是控制起动机主电路的通、断和驱动齿轮的移除和退回。

(11)减速起动机的减速机构分为外啮合式、内啮合式和行星齿轮式3种。

(12)起动机的常见故障有起动机不能停止、起动机不转、起动机转动无力、起动机空转、起动机有异响。

【习　题】

一、填空题

1. 直流电动机按励磁方式可分为________和________两大类。

2. 起动机启动时间不超过________ s,若第一次不能启动,应停歇________ s再进行第二次启动。

3. 起动机(俗称“马达”),一般由________、________、________3部分组成。

4. 常见的起动机单向离合器主要有________、________、________3种。

5. 起动机用电枢绕组与磁场绕组为________连接,起动机工作时各磁极形成的磁场按________相间排列。

6. 摩擦片式离合器的优点是能________,并能在超载时自动打滑。

7. 直流串励式电动机的作用是将蓄电池提供的________转换为________，产生转矩，以启动发动机。

8. 按操纵方式的不同，起动机可分为________和________两种方式。

9. 直流串励式电动机主要由________、________、________、________、________等部件构成。

10. 起动机电磁开关内有________和________两个线圈，推杆上装有铜质推杆，刚接通电磁开关电路时，推杆是由________推动运动的。

二、选择题

1. 常见起动机驱动齿轮与飞轮的啮合靠(　　)强制拨动完成。

A. 拨叉　B. 离合器　C. 轴承　D. 齿轮

2. 功率较小的起动机上广泛使用的离合器是(　　)。

A. 单向滚柱式　B. 摩擦片式　C. 弹簧式　D. 以上答案均错

3. 需传递较大转矩且起动机尺寸较大时，其离合器应选(　　)。

A. 单向滚柱式　B. 摩擦片式　C. 弹簧式　D. 以上答案均错

4. 电磁开关将起动机主电路接通后，活动铁芯靠下述线圈产生的电磁力保持在吸合位置上(　　)。

A. 吸拉线圈　B. 保持线圈　C. A 和 B 共同作用　D. 以上答案均错

5. 汽车发动机常用的启动方式有(　　)启动和(　　)启动两种。

A. 人力　B. 电力　C. 风力　D. 机械

6. 发动机已启动，刚松开启动开关瞬时，电磁开关两线圈(　　)。

A. 均产生磁场且方向相同　B. 均产生磁场但方向相反

C. 吸拉线圈不产生磁场　D. 保持线圈不产生磁场

三、简答题

1. 简述起动机的转子和定子的作用。
2. 启动装置由哪几部分组成，各部分的作用是什么？
3. 简述常见单向离合器的形式。
4. 简述电枢的作用及组成。
5. 起动机不转动的原因可能是什么？
6. 启动系统的作用是什么，启动系统由哪几部分组成？

项目四　充电系统

【项目描述】

发动机正常工作时，充电系统能为汽车的用电设备供电。充电系统中的发电机和汽车蓄电池一起构成了汽车的电源。汽车充电系统主要的部件是发电机，而发电机作为汽车运行中的主电源，担负着向启动系统之外所有用电设备供电和向蓄电池充电的任务。由于发电机是由发动机经传动旋转的，当发动机转速变化时，发电机输出电压是变化的。为满足汽车用电设备用电和向蓄电池充电的要求，充电系统设有电压调节器，电压调节器通过调节发电机的励磁电流，保持发电机在转速和负荷变化时输出电压稳定。本项目将从汽车的充电系统概述、交流发电机的结构、交流发电机的特性、交流发电机的电压调节器、交流发电机与调节器的使用和维护5个方面来论述。

【学习目标】

- 了解调节器的工作原理；
- 理解交流发电机与调节器的使用注意事项；
- 理解交流发电机的工作原理；
- 理解交流交流发电机电压调节器的作用、分类及工作原理；
- 掌握汽车充电系统的组成、结构及交流发电机的作用、分类。

【技能目标】

- 能正确为车辆选用发电机；
- 能正确对充电系统技术状况进行检查和维护；
- 能通过现象判断充电系统的基本故障。

任务一 认识充电系统

一、发电机的作用

汽车上的电源包括蓄电池和发电机，其中，发电机是汽车上的主要电源，其作用是在发动机正常运转时，向所有用电设备(起动机除外)供电，同时给蓄电池充电，以补充蓄电池在使用中所消耗的电能。

汽车用发电机可分为直流发电机和交流发电机，由于交流发电机的性能在许多方面(如体积、发电量等)优于直流发电机，直流发电机现已被淘汰。目前汽车采用三相交流发电机，内部带有二极管整流电路，将交流电整流为直流电，因此，汽车交流发电机输出的是直流电。汽车用电器都是按照一定的直流电压设计的，汽油发动机常用12 V电压，柴油发动机常用24 V 电压。在汽车上，发电机既是用电器电源，又是蓄电池的充电装置。

交流发电机必须配装电压调节器，电压调节器对发电机的输出电压进行控制，使其保持基本恒定，以满足汽车用电器的需求。充电系统如图 4.1 所示。

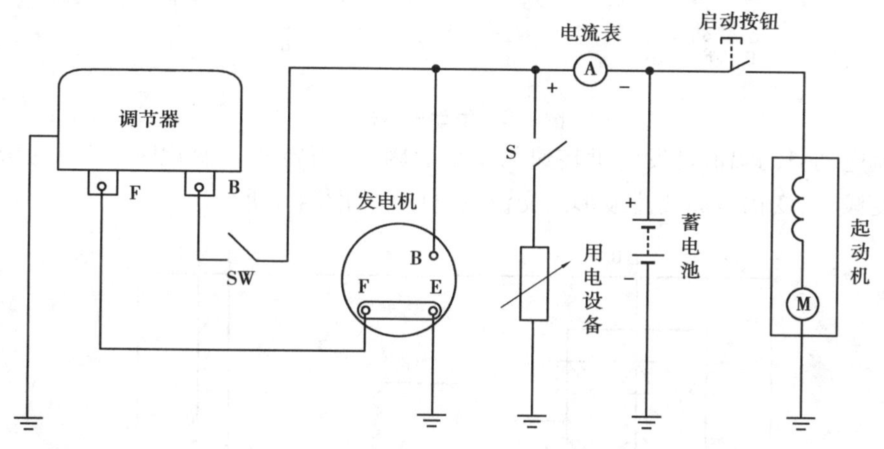

图 4.1 充电系统

二、发电机的分类

目前所有汽车均采用交流发电机，该发电机按照不同的分类方法有以下两类。

1. 按总体结构分类

按发电机的总体结构分类可以分为普通交流发电机(使用时需要配装电压调节器的发电机)、整体式交流发电机(发电机和调节器制成一个整体的发电机)、带泵交流发电机(和汽车制动系统用真空助力泵安装在一起的发电机)、无刷交流发电机(不需要电刷的发电机)、永磁交流发电机(磁极为永磁铁制成的发电机)。

2. 按磁场绕组搭铁形式分类

按发电机的磁场绕组搭铁形式可分为内搭铁型交流发电机,磁场绕组的一端(负极)直接搭铁(和壳体相连);外搭铁型交流发电机,磁场绕组的一端(负极)接入调节器,通过调节器后再搭铁。

三、交流发电原理

在发电机内部有一个由发动机带动的转子(旋转磁场)。磁场外有一个定子绕组,绕组有3组线圈(三相绕组),三相绕组彼此相隔120°。当转子旋转时,磁场也旋转,电枢绕组切割磁力线(或者说使电枢绕组中通过的磁通量发生变化)而产生电动势。发动机结构如图4.2所示。

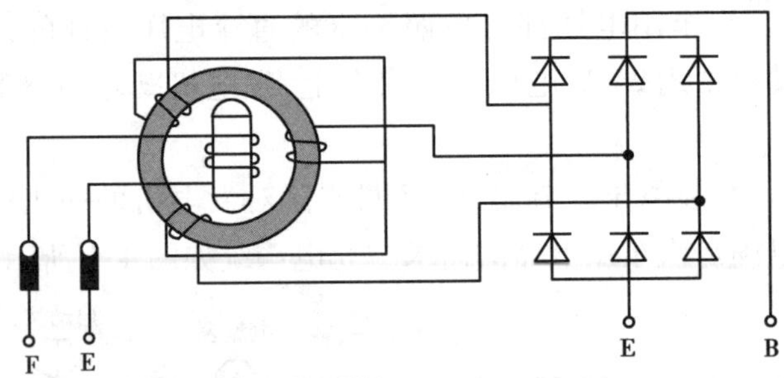

图4.2 发动机结构

交流电动势的幅值是发电机转速的函数。因此,当转速 n 变化时,三相电动势的波形为变频率、变幅值的交流波形。交流发电原理如图4.3所示。

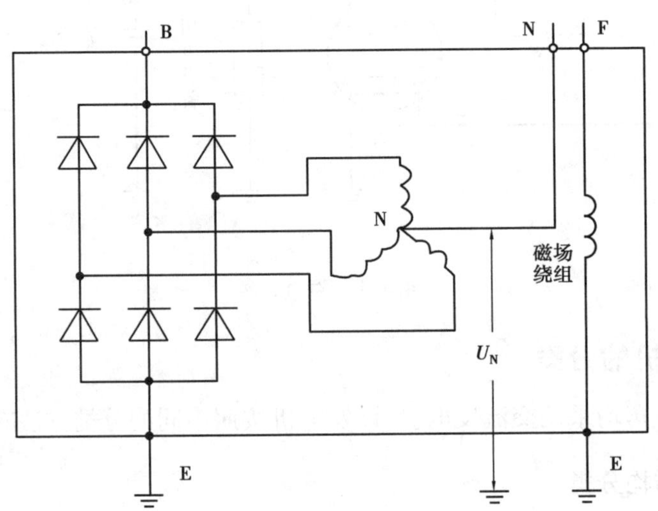

图4.3 交流发电原理

任务二 了解交流发电机的结构

普通交流发电机一般由转子、定子、整流器、前后端盖、风扇、带轮等组成。

一、交流发电机的构造

1. 转子

转子的作用是产生磁场。转子由爪极、磁轭、励磁绕组、滑环、转子轴等组成,如图4.4所示。

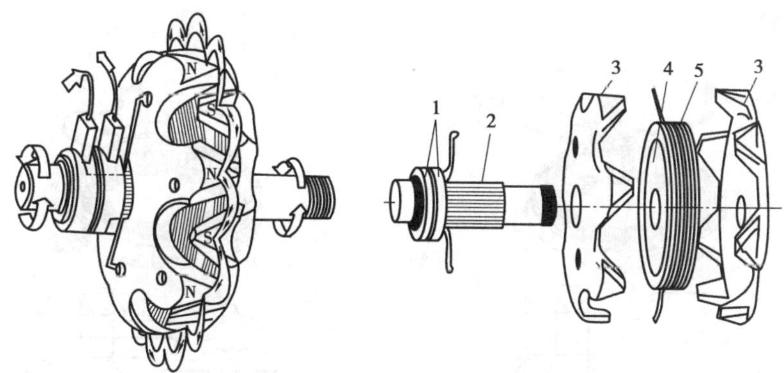

图4.4 交流发电机的转子组成

1—滑环;2—转子轴;3—爪极;4—磁轭;5—励磁绕组

转子轴上压装着2块爪极,爪极被加工成鸟嘴形状,爪极空腔内装有励磁绕组和磁轭。滑环由2个彼此绝缘的铜环组成,压装在转子轴上与轴绝缘,2个滑环分别与励磁绕组的两端相连。当给2个滑环通入直流电时,励磁绕组中就有电流通过,并产生轴向磁通,使爪极一块被磁化为N极,另一块被磁化为S极,从而形成6对(或8对)相互交错的磁极。

当转子转动时,形成了旋转的磁场。

2. 定子

定子的作用是产生交流电。定子安装在转子的外面,与发电机的前后端盖固定在一起,当转子在其内部转动时,引起定子绕组中磁通的变化,定子绕组中就产生交变的感应电动势。定子由定子铁芯和定子绕组(线圈)组成,如图4.5所示。

定子铁芯由内圈带槽、互相绝缘的硅钢片叠成。定子绕组有3组线圈,对称地嵌放在定子铁芯的槽中。定子绕组有三相,三相绕组采用星形接法或三角形(大功率)接法(图4.6),都能产生三相交流电。

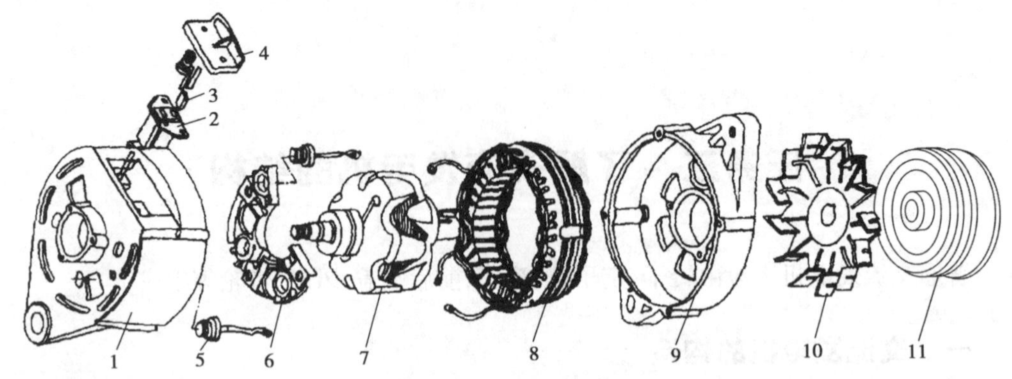

图4.5 定子的结构

1—后端盖;2—电刷架;3—电刷;4—电刷弹簧压盖;5—硅二极管;

6—元件板;7—转子;8—定子;9—前端盖;10—风扇;11—带轮

三相绕组必须按一定要求绕制,才能使之获得频率相同、幅值相等、相位互差120°的三相电动势。

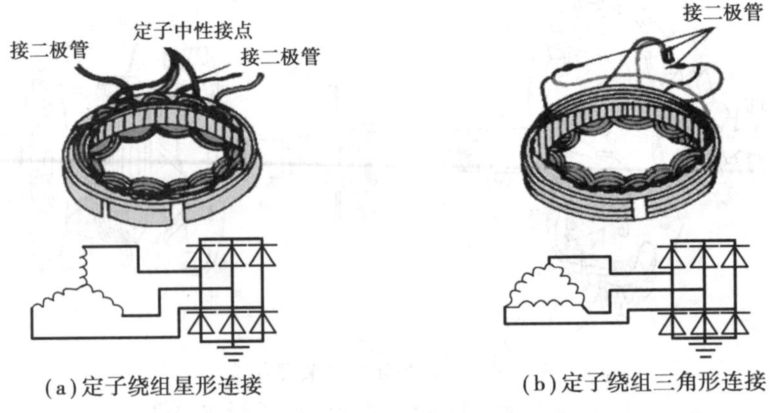

(a)定子绕组星形连接　(b)定子绕组三角形连接

图4.6 交流发电机定子组成及连接方式

定子绕组的特点:

①每个线圈的两个有效边之间的距离应和一个磁极占据的空间距离相等。

②每相绕组相邻线圈始边之间的距离应和一对磁极占据的距离相等或成倍数。

③三相绕组的始边相互间隔 $2\pi + 120°$ 电角度(一对磁极占的空间为360°电角度)。

3.整流器与整流原理

(1)整流器

整流器的作用是将定子绕组的三相交流电变为直流电。

整流器由整流板和整流二极管组成,六管交流发电机的整流器是由6只硅整流二极管分别压装(或焊装)在相互绝缘的2块板上组成的,其中一块为正极板(带有输出端螺栓),另一块为负极板,负极板和发电机外壳直接相连(搭铁),也可将发电机的后盖直接作为负极板。

6 只硅整流二极管分为正极管和负极管。引出电极为正极的称为正极管,3 只正极管安装在同一块板上,称为正极板;引出电极为负极的称为负极管,3 只负极管安装在负极板上,也可直接安装在后盖上,如图 4.7 所示。

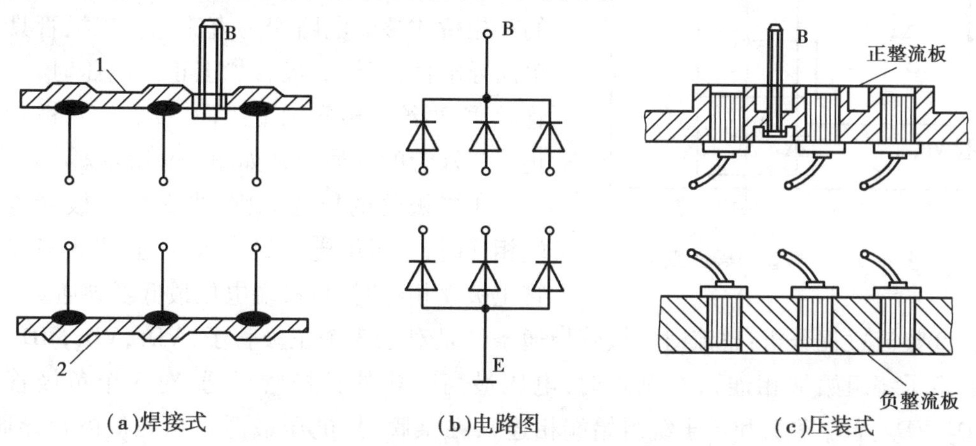

图 4.7　交流发电机整流二极管安装示意图

汽车用硅整流二极管的特点如下所述。

①允许的工作电流大,如 ZQ50 型二极管的正向平均电流为 50 A,浪涌电流为 600 A。

②承受反向电压的能力高,可承受的反向重复峰值电压在 270 V 左右,反向不重复峰值电压在 300 V 左右。

③只有一根引线(引出电极)。

④根据引出电极的不同分为正二极管和负二极管。

整流器总成的形状各异,有马蹄形、半圆形和圆形等,如图 4.8 所示。

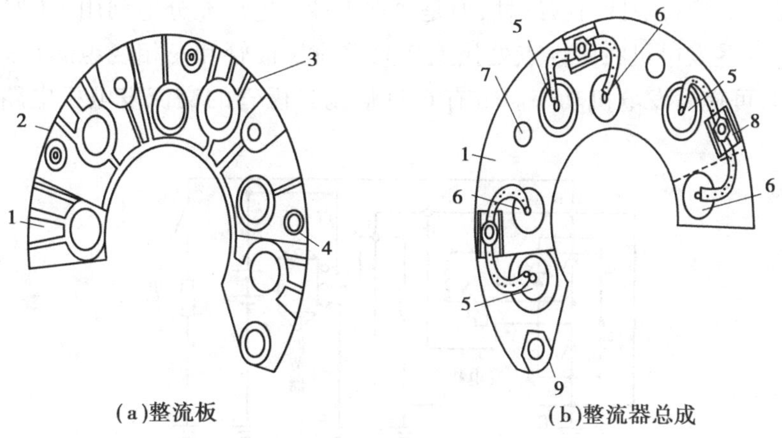

图 4.8　发电机整流器总成

1—负整流板;2—正整流板;3—散热片;4—螺栓孔;5—正极管;

6—负极管;7—安装孔;8—绝缘垫;9—电枢接柱安装孔

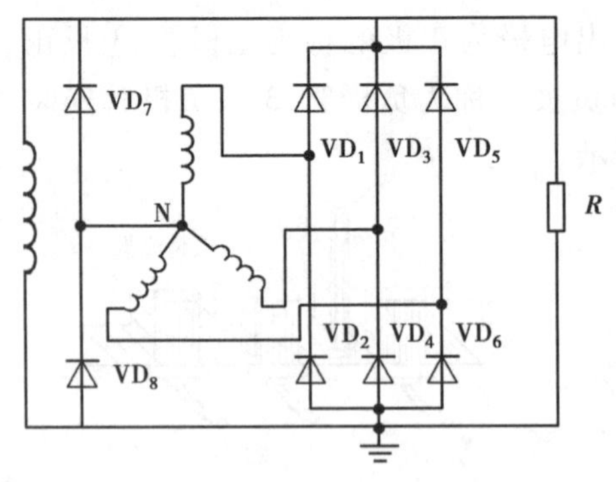

图 4.9　二极管的导通原则

(2)整流原理

交流发电机定子的三相绕组中,感应产生的是交流电。一般常见的是用 6 只二极管组成的三相桥式整流电路变为直流电。二极管具有单向导电性,当给二极管加上正向电压时,二极管导通;当给二极管加上反向电压时,二极管截止。二极管的导通原则如图 4.9 所示。

①二极管的导通原则:当 3 只二极管负极端相连时,正极端电位最高者导通;当 3 只二极管正极端相连时,负极端电位最低者导通。

②整流过程分析:整流时二极管导通条件是对于 3 个正极管子(VD_1,VD_3,VD_5 正极和定子绕组始端相连),在某瞬时,电压最高一相的正极管导通;对 3 个负极管子(VD_2,VD_4,VD_6 负极和定子绕组始端相连),在某瞬时,电压最低一相的负极管导通。但同时导通的管子总是两个,即正、负管子各一个。

三相桥式整流电路中二极管的依次循环导通使得负载 R_L 两端得到一个比较平稳的脉动直流电压。发电机输出的直流电压平均值为:

$$U = 1.35U_L = 2.34U_\Phi$$

③中性点电压:有的发电机具有中性点接线柱,如图 4.10 所示,是从三相绕组的中性点引出来的,标记为“N”。输出电压为 U_N,称为中性点电压。

图 4.10 中带中心抽头的交流发电机,中性点电压的瞬时值是一个 3 次谐波电压,中性点电压的平均值为发电机输出电压(平均值)的一半。带有中性点接线柱的发电机可用中性点电压来控制各种用途的继电器。

有的发电机没有中性点接线柱,但是也把中性点电压充分地利用了(如夏利、桑塔纳发电机),这些发电机在中性点处接上 2 只整流二极管和三相绕组的 6 只整流二极管一道输出,可提高发电机功率。带有 6 只整流二极管的交流发电机电路如图 4.10 所示。

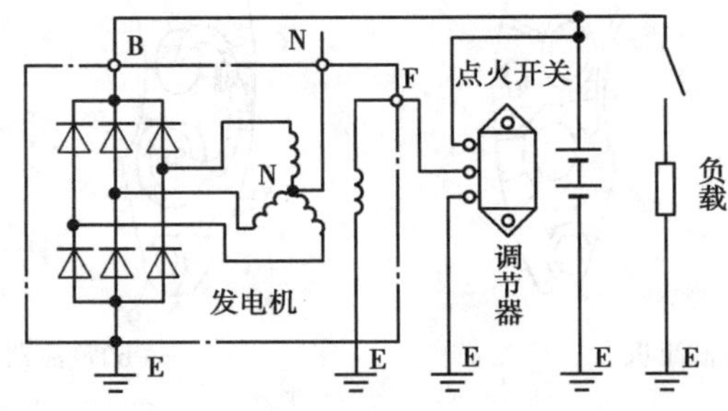

图 4.10　带有 6 只整流二极管的交流发电机电路

4. 端盖及电刷

端盖一般分两部分(前端盖和后端盖),起支撑转子、定子、整流器和电刷组件的作用。端盖一般用铝合金铸造,一是可有效防止漏磁,二是铝合金散热性能好。后端盖上装有电刷组件，电刷组件由电刷、电刷架和电刷弹簧组成，如图 4.11 所示。端盖和电刷架如图 4.12 所示。

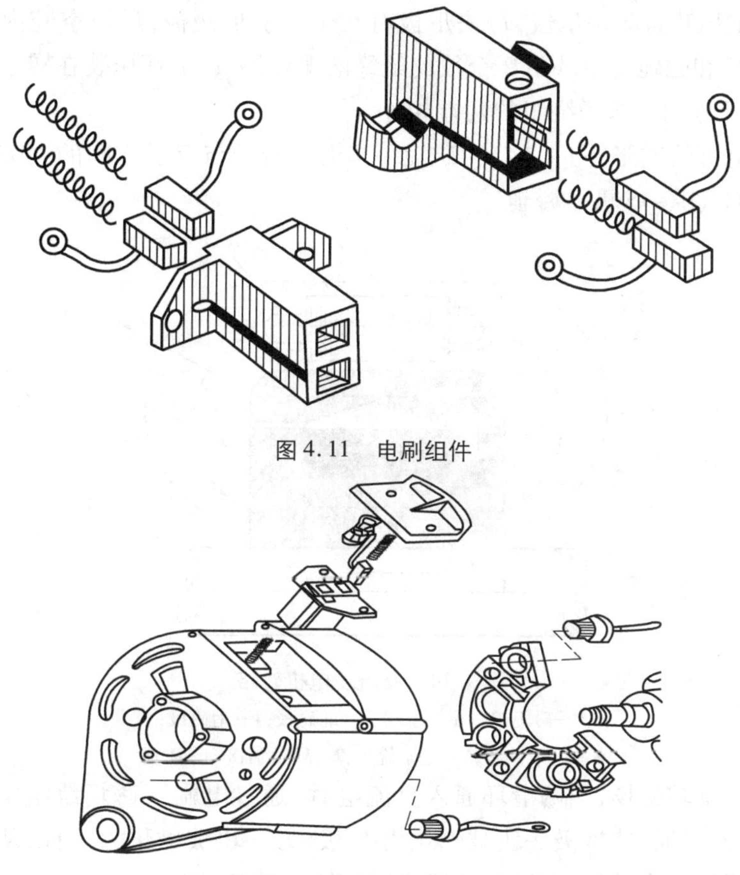

图 4.11　电刷组件

图 4.12　端盖和电刷架

电刷的作用是将电源通过滑环引入励磁绕组。电刷分别装在电刷架的孔内，借助弹簧压力与滑环保持接触。电刷和滑环的接触应良好，否则会因为磁场电流过小，导致发电机发电不足。

5. 风扇和带轮

交流发电机的前端装有风扇和带轮，由发动机通过传动带驱动发电机的转子轴和风扇一起旋转（图 4.13）。

图 4.13　风扇和带轮

发电机工作时，定子绕组和励磁绕组中都会有热量产生，温度过高会烧坏导线的绝缘层，从而导致发电机不能正常工作，所以为发电机散热是必需的。为了提高散热能力，有的发电机装有 2 个风扇（前后各 1 个）。

二、交流发电机磁路

转子轴上压装着2块爪极，每块爪极有6个鸟嘴形磁极，爪极空腔内装有磁场绕组(转子线圈)和磁轭。滑环由2个彼此绝缘的铜环组成，滑环压装在转子轴上并与轴绝缘，2个滑环分别与磁场绕组的两端相连。

交流发电机的磁路(图4.14)为磁轭→N极→转子与定子之间的气隙→定子→定子与转子间的气隙→S极→磁轭。

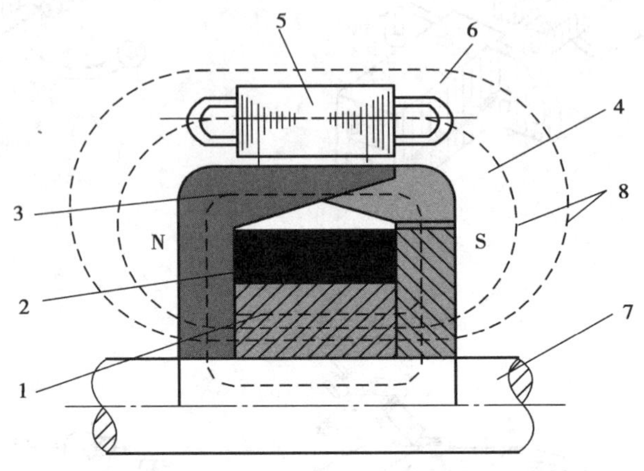

图4.14 交流发电机磁路

1—磁轭；2—磁场绕组；3—北磁极；4—南磁极；

5—定子铁芯；6—定子绕组；7—转子轴；8—漏磁通

转子产生旋转磁场，当两滑环通入直流电时(通过电刷)，磁场绕组中就有电流通过，并产生轴向磁通，使爪极一块被磁化为N极，另一块被磁化为S极，从而形成6对相互交错的磁极。当转子转动时，就形成了旋转的磁场(图4.15)。

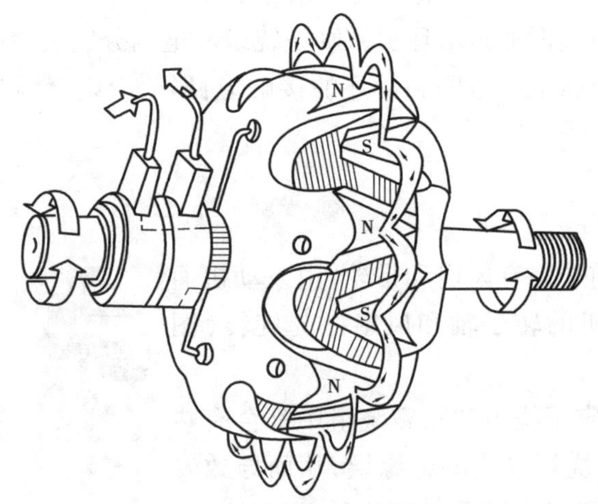

图4.15 转子

励磁绕组通过2只电刷(F和E)和外电路相连，根据电刷和外电路的连接形式不同，交流发电机分为内搭铁型和外搭铁型，如图4.16所示。

励磁绕组的一端经负电刷(E)引出后和后端盖直接相连(直接搭铁)的发电机称为内搭铁型交流发电机,如图4.16(a)所示。

励磁绕组的两端(F和E)均和端盖绝缘的发电机称为外搭铁型交流发电机,如图4.16(b)所示。

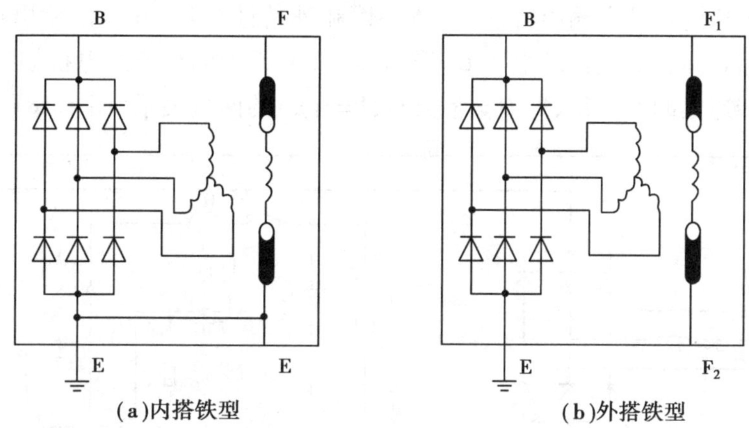

图4.16 交流发电机的搭铁形式

任务三 了解交流发电机的特性

一、交流发电机的励磁

除了永磁式交流发电机不需要励磁外,其他形式的交流发电机都需要励磁,因为它们的磁场都是电磁场。也就是说,必须给磁场绕组通电才会有磁场产生。

将电源引入磁场绕组使之产生磁场称为励磁。交流发电机励磁方式有他励和自励两种。

1. 他励

在发动机启动期间,需要蓄电池供给发电机磁场电流生磁使发电机发电。这种供给磁场电流的方式称为他励发电。

2. 自励

随着转速的提高,发电机的电动势逐渐升高并能对外输出,一般在发动机怠速时发电机就能对外供电。

当发电机能对外供电时,就可把自身发的电供给磁场绕组生磁发电,这种供给磁场电流的方式称为自励。

在某些充电系统电路中,接有充电指示灯(图4.17),其作用是指示发电机是否有故障;警告驾驶员停车后关断点火开关。

二、交流发电机的工作特性

交流发电机的工作特性是转速变化范围大，对一般汽油发动机来说，其转速变化约为1∶8，柴油机约为1∶5。因此，分析汽车用交流发电机的特性必须以转速的变化为基础。

交流发电机的特性有输出特性、空载特性和外特性 3 种，其中以输出特性最为重要。输出特性是指在发电机端电压 U 不变（对 12 V 系列的交流发电机规定为 14 V），输出电流与转速之间的关系，即 U = 常数时，$I=f(n)$ 的函数关系（图 4.18）。

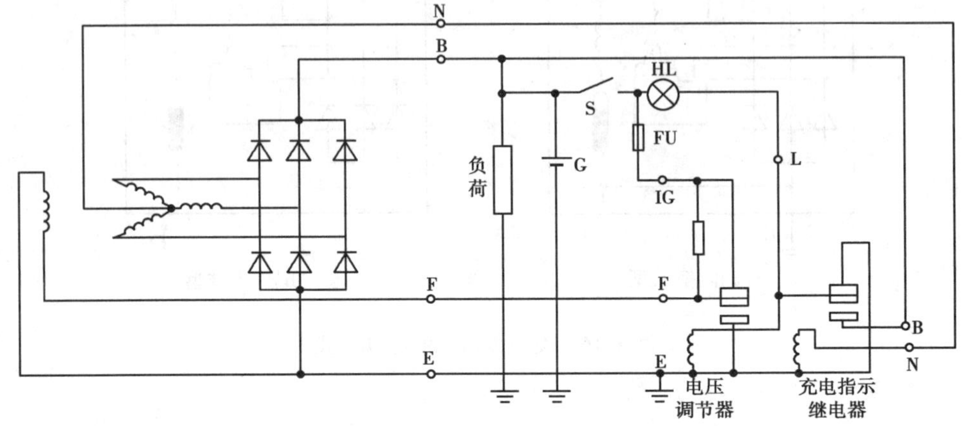

图 4.17　充电指示灯电路

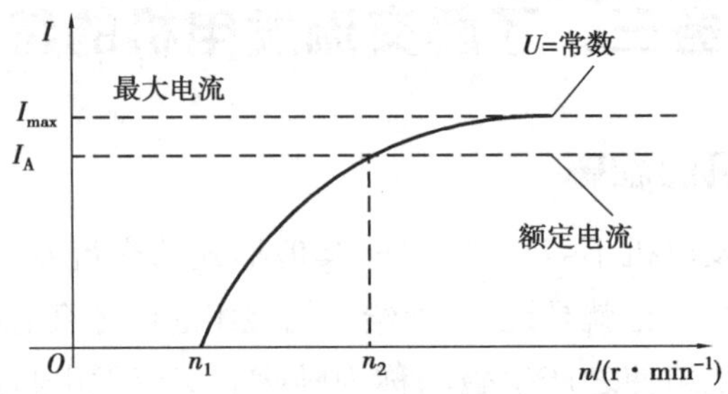

图 4.18　交流发电机的输出特性曲线

任务四　了解交流发电机的电压调节器

由于交流发电机的转子是由发动机通过皮带驱动旋转的，且发动机和交流发电机的转速比为 1.7 ~ 3，因此交流发电机转子的转速变化范围非常大，这样将引起发电机的输出电压发生较大变化，无法满足汽车用电设备的工作要求。为了满足用电设备恒定电压的要求，交流发电机必须配用电压调节器，使其输出电压在所有工况下基本保持恒定。

一、电压调节器的分类

交流发电机电压调节器按工作原理可分为触点式电压调节器、晶体管电压调节器、集成电路电压调节器、电脑控制电压调节器。

1. 触点式电压调节器

触点式电压调节器应用较早，这种调节器触点振动频率慢，存在机械惯性和电磁惯性，电压调节精度低，触点易产生火花，对无线电干扰大，可靠性差，寿命短，现已被淘汰。

2. 晶体管电压调节器

随着半导体技术的发展，汽车上的充电系统采用了晶体管电压调节器。其优点是：三极管的开关频率高，且不产生火花，调节精度高，还具有质量小、体积小、寿命长、可靠性高、电波干扰小等优点，现广泛应用于东风、解放及多种中低档车型。

3. 集成电路电压调节器

集成电路电压调节器除具有晶体管调节器的优点外，还具有超小型，安装于发电机的内部（又称内装式调节器），减少了外接线，并且冷却效果得到了改善的特点，现广泛应用于桑塔纳、奥迪等多种轿车车型上。

4. 电脑控制电压调节器

由电负载检测仪测量系统总负载后，向发电机电脑发送信号，然后由发动机电脑控制发电机电压调节器，适时地接通和断开磁场电路，既能可靠地保证电器系统正常工作，使蓄电池充电充足，又能减轻发动机负荷，提高燃料经济性。如上海别克、广州本田等轿车发电机上使用了这种调节器。

在使用过程中，对晶体管电压调节器最好使用汽车说明书中指定的调节器，如果采用其他型号替代，除标称电压等规定参数与原调节器相同外，代用调节器必须与原调节器的搭铁形式相同；否则，发电机可能由于励磁电路不通而不能正常工作。对于集成电路调节器，必须是专用的。

二、电压调节器的调压原理

由交流发电机的工作原理可知，交流发电机的三相绕组产生的相电动势的有效值为：

$$E_{\phi} = C_{e} \Phi n$$

其中，C_e 为发电机的结构常数，n 为转子转速，Φ 为转子的磁极磁通。也就是说，发电机所产生的感应电动势与转子转速和磁极磁通成正比。

当转速升高时，E_{ϕ} 增大，输出端电压 U_B 升高，当转速升高到一定值时（空载转速以上)，输出端电压达到极限，要想使发电机的输出电压 U_B 不再随转速的升高而上升，只能通过减小磁通 Φ 来实现。因磁极磁通 Φ 与励磁电流 I_f 成正比，减小磁通 Φ 也就是减小励磁电流 I_f。

1. 触点式电压调节器

触点式电压调节器通过触点开闭，接通和断开磁场电路来改变磁场电流 I_f 的大小；晶体管调节器、集成电路调节器等利用大功率三极管的导通和截止，接通和断开磁场电路来改变磁场电流 I_f 的大小(图 4.19)。

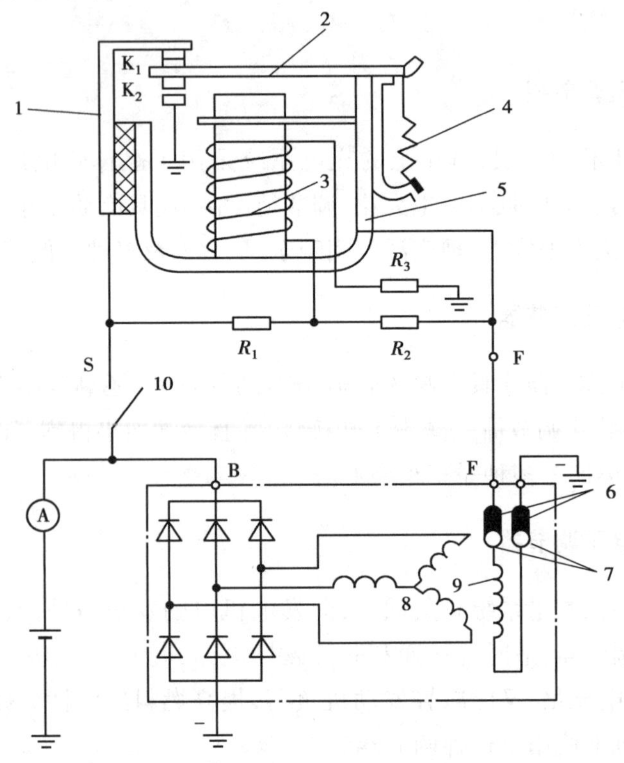

图 4.19　触点式电压调节器

2. 晶体管电压调节器

晶体管电压调节器有多种形式，其电路各不相同，但一般采用整体封装形式，不可拆卸，不能维修，只能整体更换。图 4.20 是晶体管电压调节器的基本电路，实际电路要复杂得多，但工作原理可用基本电路工作原理去理解。

3. 集成电路电压调节器

集成电路调节器也称为 IC 调节器，是根据使用要求，将电路中的若干元件集成在同一基片上制成一个独立的电子芯片。集成电路调节器装于发电机内部，构成整体式交流发电机(图 4.21)。发电机外部有 2 个或 3 个接线柱。

集成电路调节器的工作原理与晶体管调节器的工作原理完全一样，都是通过稳压

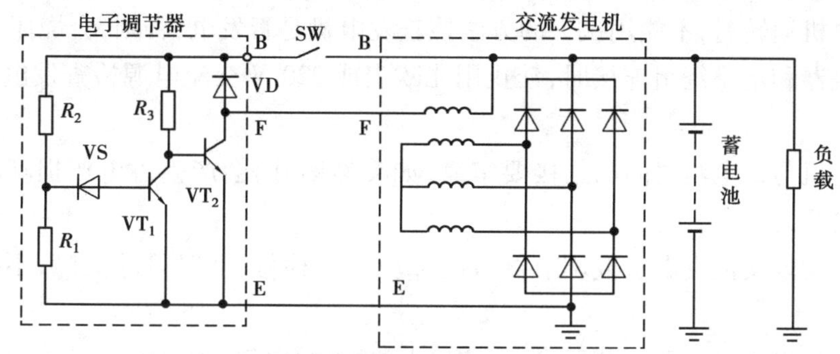

图 4.20 晶体管电压调节器基本电路

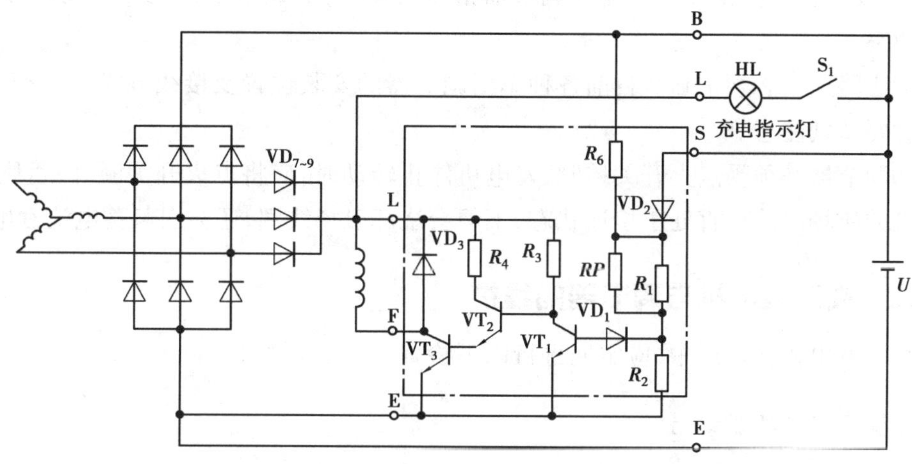

图 4.21 内装式集成电路电压调节器电路

管感应发电机的输出电压信号,利用三极管的开关特性控制发电机的励磁电流,使发电机的输出电压保持恒定。集成电路调节器通常与整体式发电机相配。

4. 电脑控制电压调节器

电脑控制电压调节器是现在轿车采用的一种新型调节器,主要是依靠汽车自身的微处理器,实时监测由电负载检测仪测量系统总负载的信号,然后由发动机微处理器控制发电机电压调节器,适时地接通和断开磁场电路,使输出电压平稳。

任务五 掌握交流发电机与调节器的使用和维护方法

一、交流发电机与调节器的使用注意事项

交流发电机与调节器的结构简单,维护方便,若正确使用,不仅故障少而且寿命长;若使用不当,则会很快损坏。因此,在使用和维护中应注意以下几点:

①蓄电池的极性必须是负极搭铁,不能接反;否则,会烧坏发电机或调节器的电子元件。

②发电机运转时，不能用试火的方法检查发电机是否发电；否则，会烧坏二极管。

③整流器和定子绕组连接时，禁止用兆欧表或220 V交流电源检查发电机的绝缘情况。

④发电机与蓄电池之间的连接要牢靠，如突然断开，会产生过电压损坏发电机或调节器的电子元件。

⑤一旦发现交流发电机或调节器有故障应立即检修，及时排除故障，不应再连续运转。

⑥为交流发电机配用调节器时，交流发电机的电压等级必须与调节器电压等级相同，交流发电机的搭铁类型必须与调节器搭铁类型相同，调节器的功率不得小于发电机的功率。

⑦线路连接必须正确。目前各种车型调节器的安装位置及接线方式各不相同，故接线时要特别注意。

⑧调节器必须受点火开关控制，发电机停止转动时，应将点火开关断开；否则会使发电机的磁场电路一直处于接通状态，不但会烧坏磁场线圈，还会引起蓄电池亏电。

二、交流发电机与调节器的维护

交流发电机在使用中，应定期进行以下检查。

1. 检查发电机驱动带

①检查驱动带的外观：用肉眼观看应无裂纹或磨损现象，如有则应更换。

②检查驱动带的挠度：用100 N的力压在带的两个传动轮之间，新带挠度为5～10 mm，旧带挠度为7～14 mm。

2. 检查导线的连接

①接线是否正确。

②接线是否牢靠。

③发电机输出端接线螺丝必须加弹簧垫。

3. 检查运转时有无噪声

当发电机运转时，打开发动机舱，仔细听有无异响和噪声，并判断是否正常。

4. 检查是否发电

①观察充电指示灯的熄灭情况：若充电指示灯一直亮着，说明发电机或调节器有故障，也可能是充电指示灯线路有故障，应及时维修。

②用万用表直流电压挡测量电压：在发电机未转动时测量蓄电池端电压，并记录下来，启动发动机并将转速提高到怠速以上的转速，测量蓄电池端电压，若能高于原记录，说明发电机能发电；若测量电压一直不上升，则说明发电机或调节器有故障，应及

时维修。

5. 发电机拆下解体检修

当发现发电机或调节器有故障需要从车上拆下检修时，首先关断点火开关及一切用电设备，拆下蓄电池负极电缆线，再拆卸发电机上的导线接头。

【项目小结】

(1)发电机是汽车的主要电源，其作用是在发动机正常运转时，向所有用电设备(启动机除外)供电，同时给蓄电池充电。

(2)汽车用发电机可分为直流发电机和交流发电机，目前应用最广的是交流发电机。

(3)转子的作用是产生磁场。

(4)定子的作用是产生交流电。

(5)定子绕组有三相，三相绕组采用星形接法或三角形(大功率)接法。

(6)整流器的作用是将定子绕组的三相交流电变为直流电。

(7)交流发电机励磁方式有自励和他励两种。

(8)交流发电机电压调节器按工作原理可分为触点式电压调节器、晶体管电压调节器、集成电路电压调节器、电脑控制电压调节器。

【习　题】

一、选择题

1. 充电系统中，发电机发电调节电压范围是(　　)左右。

A. 14.7 V　　B. 13.5 V　　C. 12.9 V　　D. 15.2 V

2. 发电机应用(　　)将交流电转换为直流电。

A. 磁场　　B. 感应过程　　C. 桥式二极管(整流器)　　D. 电阻网络

3. 某些型号的发电机上字母“D”代表(　　)。

A. 直流电流　　B. 双极调压器　　C. 双内置风扇　　D. 以上均正确

4. 发电机应用(　　)原理产生电力输出。

A. 电磁感应　　B. 电子流　　C. 重力　　D. 液压

5. 调压器通过改变(　　)控制电压。

A. 定子中的绕组　　B. 转子转动速度　　C. 转子磁场强度　　D. 以上各项

6. 发电机主要部件是(　　)。

A. 转子和定子　　B. 二极管桥式电路中的二极管

C. 调压器　　D. 以上各项

7. 发电机中，(　　)位于滑环上为磁场绕组提供电流。

A. 极件　　B. 铜制蹄　　C. 碳刷　　D. 以上各项

8. 发电机中的二极管(　　)。

A. 把 AC 转换为 DC　　B. 由阳极和阴极组成

C. 与三组定子绕组相连　　D. 以上各项

9. 发电机中的调压器限制(　　)。

A. 电压输出　　B. AC 电流　　C. 电压输入　　D. 以上各项

10. 交流发电机输出电流是随着汽车(　　)的变化而变化的。

A. 车速　　B. 发动机转速　　C. 蓄电池电压　　D. 用电设备

二、简答题

1. 简述交流发电机的整流原理。
2. 简述交流发电机各部分的作用。
3. 充电电流不稳可能的原因是什么?
4. 充电系统有哪些故障?

项目五　点火系统

【项目描述】

点火系统是汽油发动机的重要组成部分,点火系统的性能对发动机的功率、油耗和排气污染等影响很大。能够在火花塞两电极间产生电火花的全部设备称为发动机的“点火系统”。汽油机在压缩接近上止点时,可燃混合气是由火花塞点燃的,从而燃烧对外做功,为此,汽油机的燃烧室中都装有火花塞。点火系统的作用就是按照汽缸的工作顺序适时地在火花塞两电极间产生足够能量的电火花。本项目将从点火系统的概述、传统点火系统、普通电子点火系统、电控点火系统 4 个方面进行阐述。

【学习目标】

- 了解汽车点火系统的工作原理;
- 理解传统点火系统的控制电路;
- 掌握点火系统的作用及要求;
- 掌握点火系统的结构及组成;
- 掌握点火系统各部件的作用。

【技能目标】

- 能对点火系统主要元件进行检修;
- 能对点火系统常见故障进行诊断与排除;
- 能对点火系统技术状况进行检查和维护。

任务一 认识点火系统

一、点火系统的作用

点火系统的基本作用是适时提供足够能量，产生电火花点燃汽缸内的混合气，使发动机能及时、迅速地做功。点火系统最基本的要求是必须及时、可靠地点火。

二、点火系统的类型

按所用电源不同，点火系统可分为磁电机点火系统和蓄电池点火系统。车用汽油发动机均采用蓄电池点火系统。

按贮存能量的元件不同，点火系统可分为电感储能式点火系统和电容储能式点火系统。车用汽油发动机点火系统一般都属电感储能式点火系统。

按对点火提前角的控制方式不同，点火系统可分为传统点火系统、普通电子点火系统和电控电子点火系统。

1. 传统点火系统

传统点火系统以蓄电池和发电机为电源，借助点火线圈和断电器的作用，将低压电转变为高压电，再通过分电器分配到各缸火花塞，使火花塞两电极之间产生电火花，点燃可燃混合气。

传统点火系统又称为机械触式点火系统，它利用机械触点控制点火提前角，并利用机械离心装置和真空装置对点火提前角进行自动调节。发动机工作时，为保证点火顺序，传统点火系统利用分电器给各缸配电。传统点火系统的结构简单、成本低，在汽油机上应用最早。

机械触点的存在导致其点火能量低、工作可靠性差、对火花塞积碳敏感、对无线电干扰大，已不能适应现代汽车发展的要求，传统点火系统已逐渐被淘汰。

2. 普通电子点火系统

普通电子点火系统的功能和工作原理与传统点火系统基本相同，只是控制点火提前角的元件用电子点火器取代了断电器。它利用晶体管的导通和截止来控制点火线圈一次绕组回路的通断，而晶体管的导通与截止则用点火信号发生器产生的信号来控制。

普通电子点火系统仍保留了机械离心式和真空式点火提前角自动调节装置。普通电子点火系统，按点火信号发生器的结构原理不同，又分为电磁式、霍尔式和光电式3种类型。

3. 电控点火系统

电控点火系统通过各种传感器感知多种因素对点火提前角的影响,使发动机在各种工况和使用条件下的点火提前角都与相应的最佳点火提前角比较接近,并且不存在机械磨损等问题,克服了传统点火提前角调整装置的缺陷,使点火系统的发展更趋完善,发动机的性能得到了进一步改善和更加充分的发挥。

由 ECU 来控制和修正点火提前角,完全取消机械装置,甚至可取消分电器成为全电子点火系统。电控点火系统除点火提前角控制功能外,还具有爆燃控制、通电时间控制等功能。

三、点火系统的发展、要求和影响击穿电压的因素

1. 点火系统的发展

①1886 年,磁电机点火系统。

②1908 年,蓄电池点火系统(传统)。

③20 世纪 60 年代,有触点电子点火系统(过渡产品)。

④20 世纪 70 年代,无触点电子点火系统(IC 控制)。

⑤20 世纪 80 年代,微机控制电子点火系统(ECU 控制)。

2. 点火系统的要求

①能产生足以击穿火花塞间隙的高电压,通常为 15 kV 以上。

②电火花应有足够的点火能量,一般应有 50 ~ 80 MJ 的能量,启动时可达到 100 MJ的能量。

③点火时间应适应发动机的各种工况,一是满足点火次序,二是应有能自动调节的最佳点火提前角,以适应发动机随时变化的各种工况。

④点火电压上升快(减少泄漏),点火持续时间长。

3. 影响击穿电压的因素

①火花塞电极间隙。

②汽缸内混合气体的压力和温度。

③电极的温度和极性。

④发动机的工作状态。

任务二 了解传统点火系统

一、传统点火系统的组成

传统点火系统主要由电源(蓄电池、发电机)、点火开关、点火线圈、分电器(断电器、配电器、电容器、点火提前机构)、火花塞、高压导线、附加电阻等组成,如图5.1所示。

二、传统点火系统的工作过程

如图5.1所示,触点闭合,一次侧电流增长(20 ms达最大值)→触点分开,二次侧绕组中因电磁感应产生高压电。

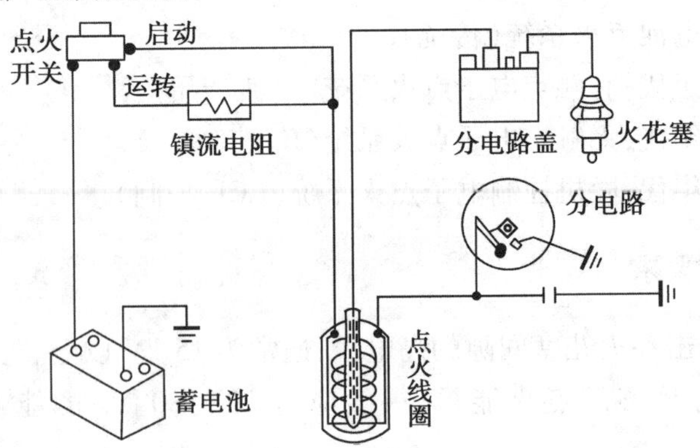

图5.1 传统点火系统

当触点分开时,一次侧电路切断,电流迅速下降为0,在初级绕组和次级绕组中产生感应电动势。初级线圈匝数少,一般为200~300 V(自感);次级线圈匝数多,一般为15~20 kV(互感)。火花塞电极间隙被击穿,产生电火花,点燃混合气。当二次侧电压U_2>击穿电压U_i时,击穿放电,形成电火花,产生电流迅速增加,电压急剧下降。

三、影响二次侧电压的因素

1.发动机汽缸数

缸数增多,凸轮的凸起数越多,每一周触点闭合和打开的次数越多,于是触点的闭合时间缩短,一次侧电流减小,从而二次侧电流也减小。

2.火花塞积碳

积碳是具有一定电阻的导体,产生泄漏电流;相当于并联了一个电阻,使二次侧电压降低。

3. 电容值的大小

电容过小时，不能很好地吸收自感电动势，触点断开时火花增大，使二次侧电压降低；电容过大时，电容充放电周期长，磁场消失慢，使二次侧电压也降低。

4. 触点间隙

触点间隙可以进行调整，一般为 0.35 ~0.45 mm。

5. 点火线圈温度

温度不能过高，一般不超过 80 ℃。若点火线圈温度过高，一般是因为气温过高、发动机过热或发电机输出电压过高造成的。

任务三　了解普通电子点火系统

一、基本组成

普通电子点火系统主要由电源（蓄电池、发电机）、点火开关、点火线圈、点火信号发生器、电子点火器、火花塞、高压导线等组成（图 5.2）。

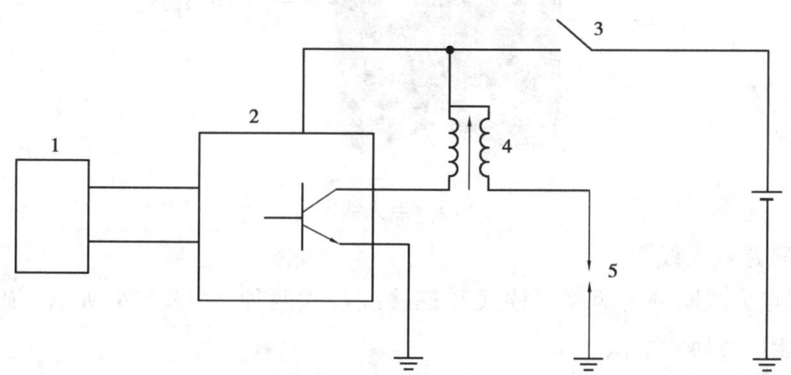

图 5.2　普通电子点火系统基本组成

1—点火信号发生器；2—电子点火器；3—点火开关；4—点火线圈；5—火花塞

电源为蓄电池或发电机，可以向点火系统提供点火能量。

点火开关接通或断开电源电路。

电子点火器内的大功率晶体管与点火线圈的一次绕组串联，并与电源、点火开关和搭铁构成点火线圈一次绕组的低压回路。

点火线圈上附加电阻的作用是稳定初级电流。它为了克服发动机启动时蓄电池端电压急剧下降对点火系统的影响，在启动时，利用起动机开关上的辅助触点将附加电阻短路，增加初级电流，提高次级电压，改善启动性能。

点火信号发生器安装在分电器总成内,点火信号发生器的转子由分电器轴驱动。

发动机工作时,点火信号发生器产生脉冲信号输送给电子点火器,脉冲信号控制点火器内晶体管的导通与截止。当输入点火器的脉冲信号使晶体管导通时,点火线圈一次绕组回路接通,贮存点火所需的能量;当输入点火器的脉冲信号使晶体管截止时,点火线圈一次绕组回路断开,二次绕组便产生高压,此高压经配电器和高压线送至火花塞,以便完成点火。

二、点火线圈

点火线圈的作用是将电源的低压电转变成高压电。它主要由外壳、绕组、接线柱和铁芯等组成(图5.3)。点火线圈的类型分为开磁路、闭磁路两种。

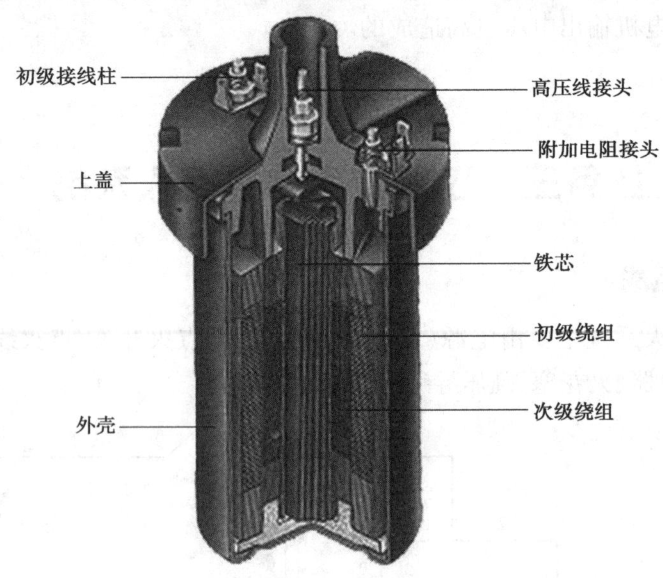

图5.3　点火线圈

(1)开磁路点火线圈

开磁路点火线圈分为两接线柱式和三接线柱式两种,如图5.4所示。磁阻大,漏磁损失多,能量转换效率低。

(2)闭磁路点火线圈

闭磁路点火线圈,如图5.5所示。空气隙,减少铁芯的磁滞现象。

(3)点火线圈的检查

①外观的检查:脏污或接线柱锈蚀应清洁,胶木盖裂损、接线柱松动、壳体变形、填充物外溢、高压插座接触不良等应更换。

②绝缘性能的检查:测量点火线圈任一接线柱与壳体之间的电阻值,应不小于50 MΩ,否则应更换。

③绕组电阻的检查:测量点火线圈一次绕组和二次绕组的电阻值,不符合规定应更换。

④附加电阻器的检查:测量附加电阻器的阻值,不符合规定应更换。

⑤点火线圈性能的检查:在专用的电器试验台上利用三针放电器进行测试。

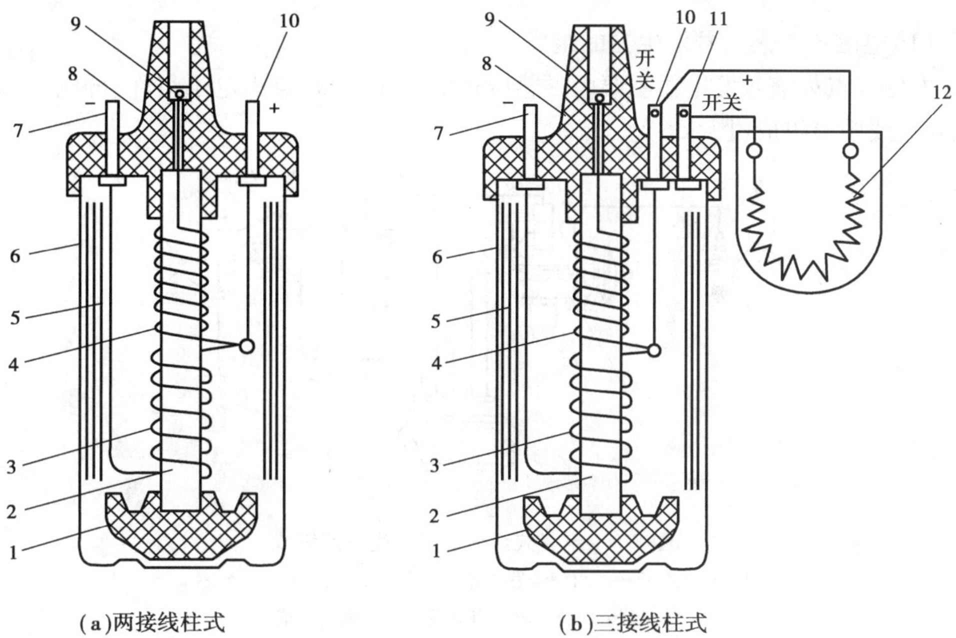

(a)两接线柱式　　(b)三接线柱式

图 5.4　开磁路点火线圈

1—绝缘座;2—铁芯;3—一次绕组;4—二次绕组;5—导磁钢套;6—外壳;
7—低压接线柱"－";8—胶木盖;9—高压接线柱;10—低压接线柱"＋"或"开关";
11—低压接线柱"＋开关";12—附加电阻器

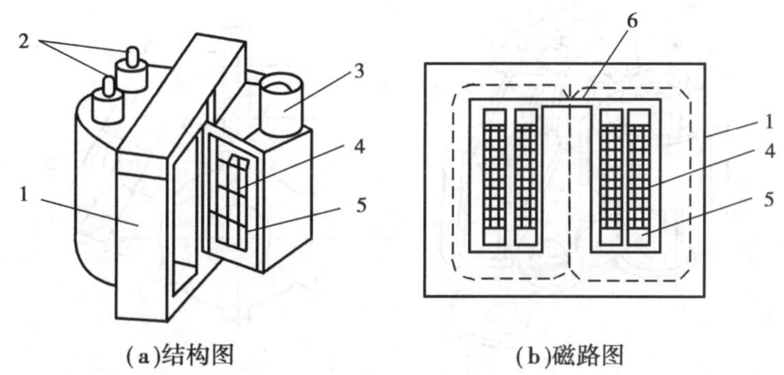

(a)结构图　　(b)磁路图

图 5.5　闭磁路点火线圈

1—铁芯;2—低压接线柱;3—高压接线柱;4—一次绕组;5—二次绕组;6—空气隙

三、点火信号发生器

普通电子点火系统采用了点火信号发生器来代替断电器触点,信号发生器产生的触发或者控制点火信号经过点火器内的电路,最后控制大功率三极管的导通或者截止,来达到控制点火线圈初级电路通断的目的。

点火信号发生器的作用是产生控制电子点火器的脉冲信号,安装位置在分电器内。其类型分为电磁式、霍尔式和光电式 3 种。

1. 电磁式点火信号发生器

(1)电磁式点火信号发生器的组成

电磁式点火信号发生器主要由磁感应式信号发生器、点火电子组件、分电器、火花塞、点火线圈等组成(图5.6)。

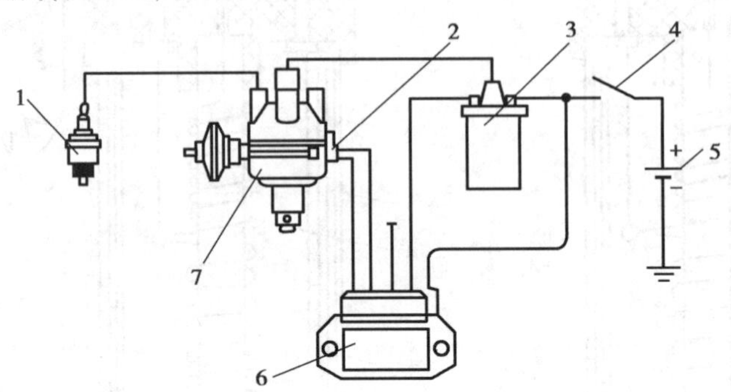

图5.6　电磁式点火信号发生器的组成

1—火花塞;2—点火信号发生器;3—点火线圈;4—点火开关;
5—蓄电池;6—电子点火器;7—分电器总成

(2)电磁式点火信号发生器的检查

①检查转子与铁芯之间的间隙,应为0.2~0.4 mm。

②测量感应线圈电阻,应符合规定标准。

电磁式点火信号发生器的结构与工作原理如图5.7所示。

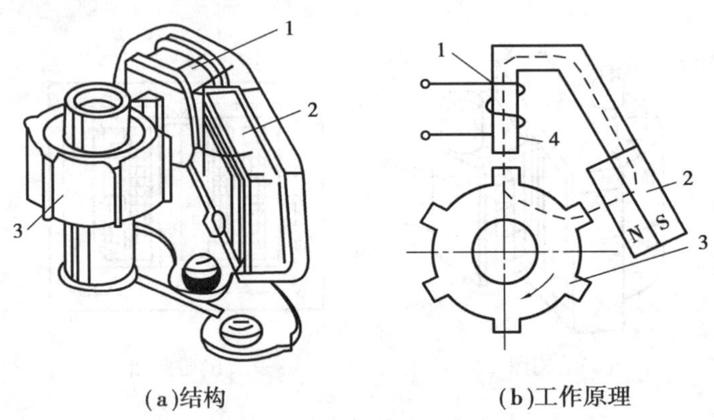

图5.7　电磁式点火信号发生器

1—感应线圈;2—永久磁铁;3—转子;4—铁芯

2. 霍尔式点火信号发生器

(1)霍尔效应

霍尔效应是由美国物理学家霍尔发现的,霍尔效应的原理如图5.8所示。当电流通过放在磁场中的半导体基片(即霍尔元件)且电流方向与磁场方向垂直时,在同时垂直于电流与磁场的方向上,半导体基片内产生一个与电流大小和磁感应强度成正比的电压,这个电压就称为霍尔电压 U_H。

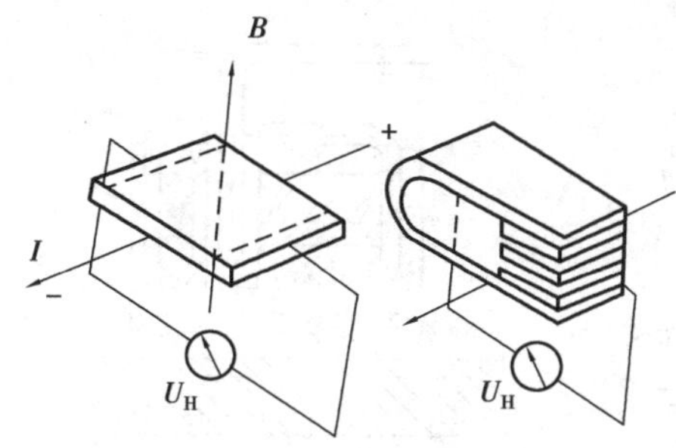

图 5.8 霍尔效应原理

(2)霍尔式点火信号发生器的结构

如图 5.9 所示为带霍尔式分电器结构,霍尔式点火信号发生器位于分电器内。霍尔式点火信号发生器的结构如图 5.10 所示。霍尔式电子点火系统的组成如图 5.11 所示。霍尔式点火信号发生器的工作原理及组成如图 5.12 所示。

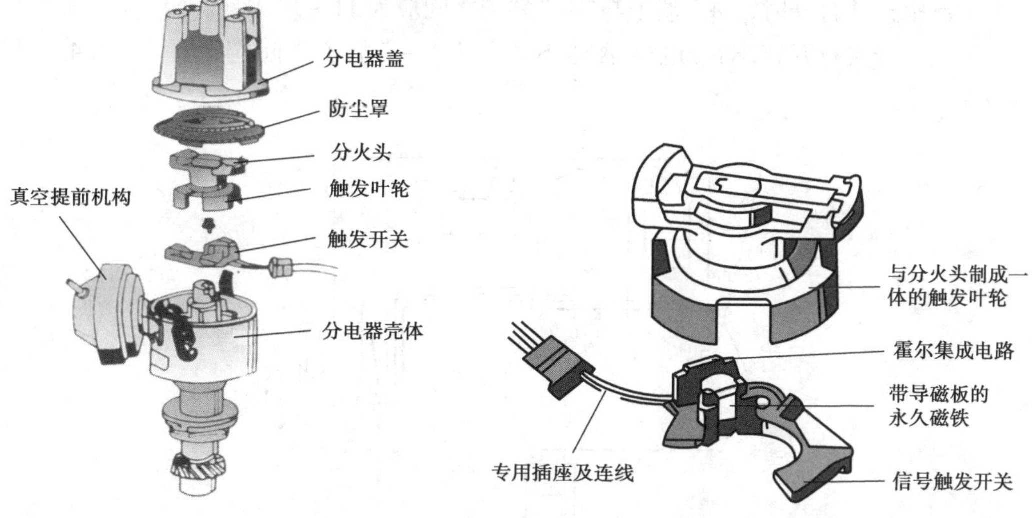

图 5.9 带霍尔式分电器的结构

图 5.10 霍尔式点火信号发生器的结构

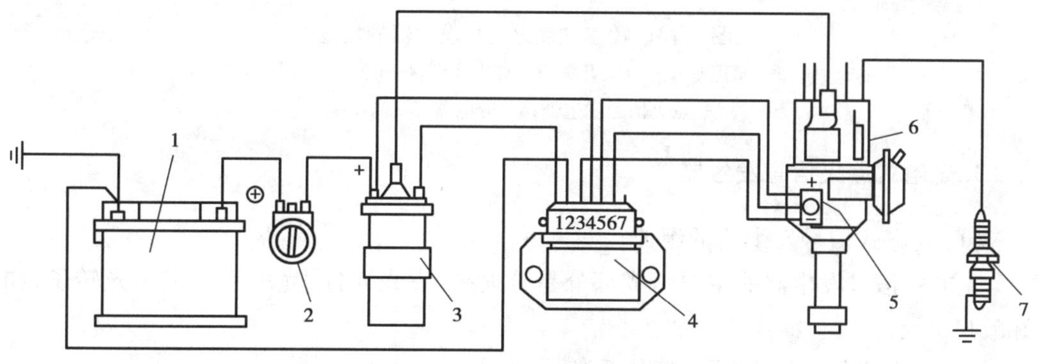

图 5.11 霍尔式电子点火系统的组成

1—蓄电池;2—点火开关 3—点火线圈;4—电子点火器;

5—点火信号发生器;6—分电器;7—火花塞

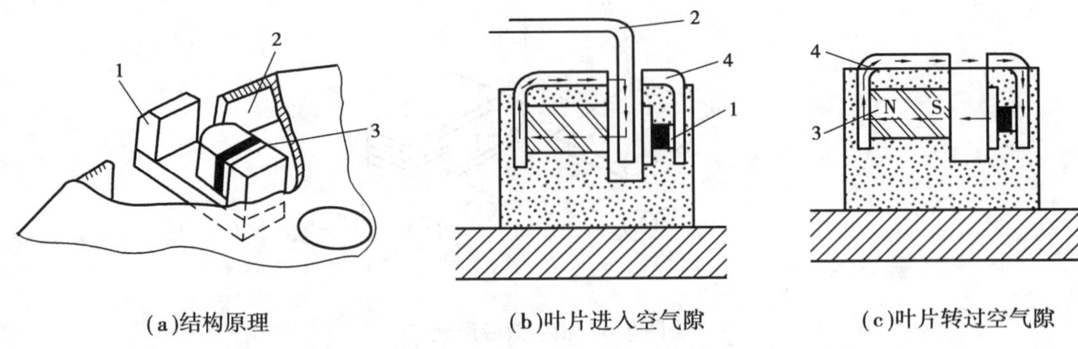

图 5.12　霍尔式点火信号发生器的工作原理

1—霍尔元件;2—触发叶轮叶片;3—永久磁铁;4—导磁板

(3)霍尔式点火信号发生器的检查

如图 5.13 所示,测量相应端子之间的电压:

①点火开关打开时,"+"端子与"-"端子之间应为 11 ~12 V。

②点火开关打开、转动分电器轴时,S 端子与"-"端子之间应在 0.3 ~0.4 V 与 8 ~9 V 变化。

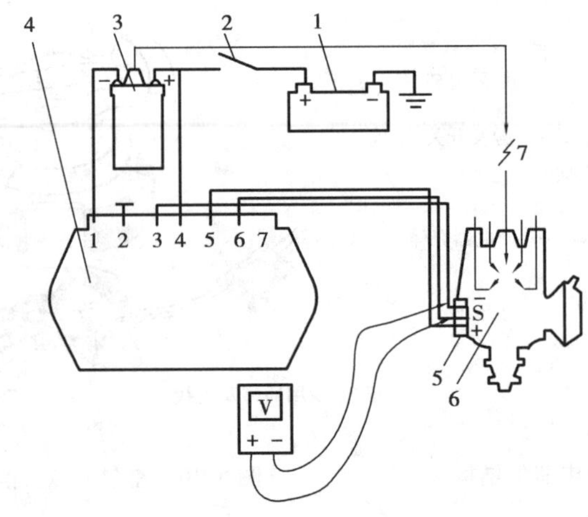

图 5.13　霍尔式点火信号发生器的检查

1—蓄电池;2—点火开关;3—点火线圈;4—电子点火器;

5—点火信号发生器;6—分电器;7—高压线

3. 光电式点火信号发生器

(1)光电式信号发生器的组成

光电式信号发生器的主要组成部分是分火头、发光元件、光敏元件和遮光转子,如图 5.14 所示。

(2)光电式信号发生器的工作原理

光电式信号发生器的工作原理如图 5.15 所示,遮光转子上有与汽缸数相对应的缺口,转子转动时,发光元件所发出的光线通过遮光转子的缺口可以照射到光敏元件上;当转子挡住光线时,光敏元件得不到光线的照射。这样,光线的时通时断就使得光敏元件产生了点火信号脉冲电压。

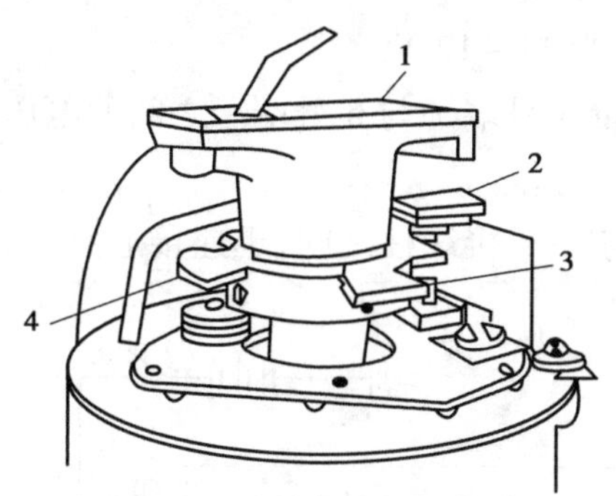

图 5.14　光电式信号发生器的结构

1—分火头;2—发光二极管;

3—光敏晶体管;4—转子

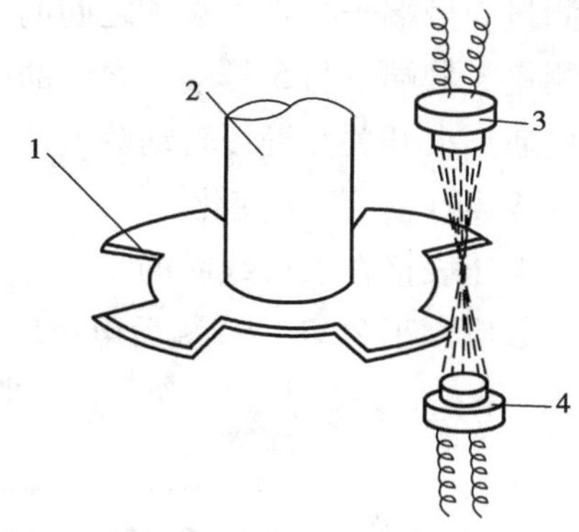

图 5.15　光电式信号发生器的工作原理

1—转子;2—转子轴;

3—发光二极管;4—光敏晶体管

(3)光电式点火信号发生器的检查

①一般检查:打开分电器盖,检查发光二极管及光敏晶体管是否脏污、线路连接是否正常。

②检查信号电压值:给分电器线束连接器电源端子施加 12 V 电压,然后慢慢转动分电器轴,并用万用表测量点火信号发生器输出的信号电压,正常值应在 0 ~ 1 V 变化;否则说明该点火信号发生器有故障,应更换该分电器总成。

四、电子点火器

电子点火器的作用是控制点火线圈一次绕组回路的接通或断开。电子点火器组装在一个小盒内,安装在分电器外部。电子点火器的内部电路是多种多样的,图 5.16 为采用集成电路的电子点火器。

1. 发动机电子点火器的功能

①基本点火控制。点火线圈一次绕组回路通断。

②一次电流上升率控制。控制点火线圈一次绕组回路中电流上升的速率,防止电流过小,保证点火能量。

③闭合角控制。控制点火线圈一次绕组的通电时间。

④停车断电保护。点火信号发生器输送给电子点火器的高电位时间超过设定值时,自动切断点火线圈一次绕组回路。

⑤一次电流限制。限制一次电流。

⑥过电压保护功能。对 V_T 进行反向过电压保护。

2. 发动机电子点火器的检查

①如图 5.16 所示,接通点火开关,测量 1 号与 4 号端子之间的电阻应为 0.52 ~

0.76 Ω。

②测量 2 号端子与 4 号端子之间的电压应为 12 V。

③测量 3 号端子与 5 号端子之间的电压应为 11 ~12 V。

④接通点火开关并慢慢转动分电器轴,测量 3 号端子与 6 号端子之间的电压应在 0.3 ~0.4 V 与 11 ~12 V 变化。

⑤将电压表接在点火线圈的“ + ”接线柱与“ - ”接线柱之间,迅速接通点火开关,电压表读数应大于 2 V,1 ~2 s 后电压应降为 0。

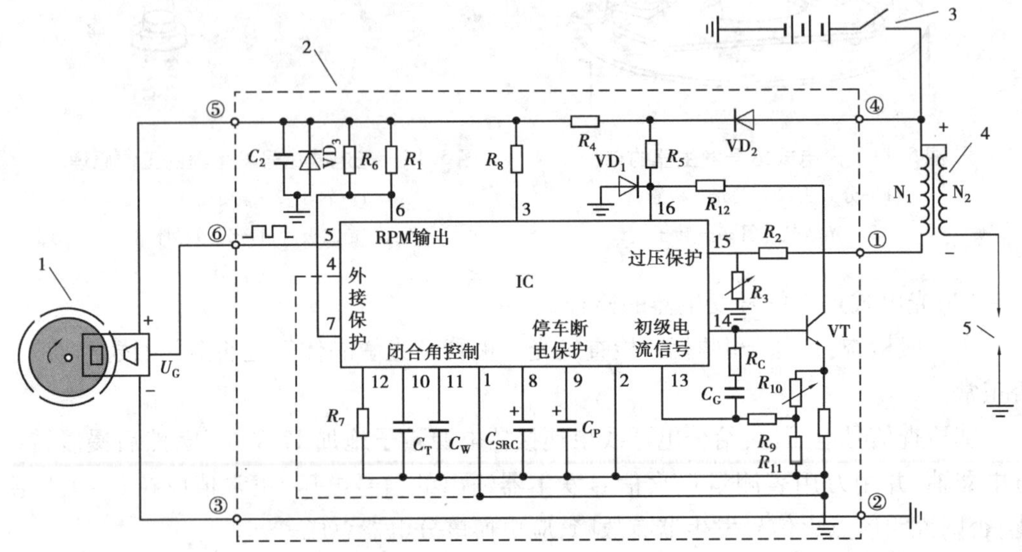

图 5.16　电子点火器内部电路

1—点火信号发生器;2—电子点火器;3—点火开关;4—点火线圈;5—火花塞

五、分电器

分电器的作用是接通和切断初级线圈电路,并按各缸的工作顺序将高压电适时送至各缸火花塞。分电器主要由配电器、断电器和点火提前机构等组成。而点火提前机构则由离心式点火提前装置和真空点火提前装置组成,最终的作用也反映在触点上,使点火提前角随着发动机转速和负荷的变化而变化,以获得最佳的点火提前角。

与传统点火系统中的分电器相比,普通电子点火系统中的分电器只是用点火信号发生器代替断电器,分电器内仍保留有传统的配电器、机械离心式点火提前角自动调节器和真空式点火提前角自动调节器,如图 5.17 所示。

离心式点火提前装置和真空点火提前装置的最终作用也反映在触点上,使点火提前角随着发动机转速和负荷的变化而变化,以获得最佳的点火提前角。

1. 点火提前角

点火系统点燃混合气的时间一般用点火提前角表示。

点火提前角是指某汽缸从火花塞跳火到该汽缸活塞运动至压缩上止点时曲轴转过的角度。

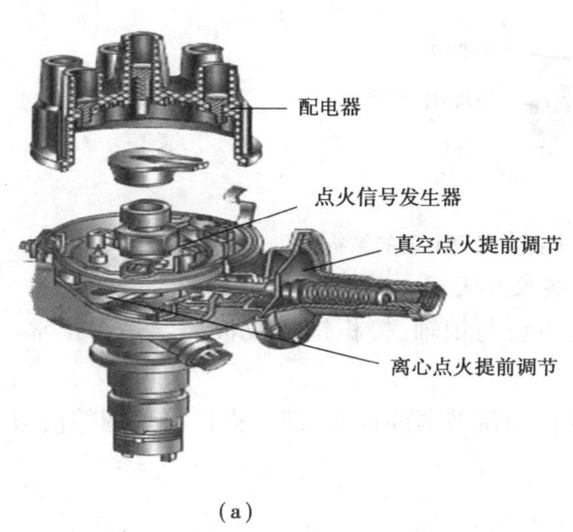

(a)

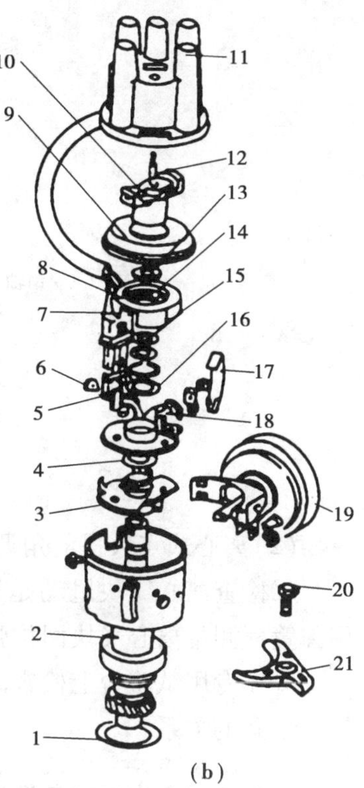

(b)

图 5.17　分电器的组成

1,4,15,16—垫圈;2—分电器壳;3—底板;5—插座;6,14—定位销;7—插头;
8—叶轮;9—防尘罩;10—分火头;11—分电器盖;12—电刷;13—挡圈;17—固定夹;
18—点火信号发生器;19—真空式点火提前角调节器;20—固定螺栓;21—压板

(1)最佳点火时刻

从火花塞点火到汽缸内大部分混合气燃烧,并产生很高的爆发力需要一定的时间,虽然这段时间很短,但由于曲轴转速很高,曲轴转过的角度还是很大的。

若在压缩上止点点火,则混合气一面燃烧,活塞一面下移而使汽缸容积增大,这将导致燃烧压力低,发动机功率也随之减小。因此,最佳点火时刻应在活塞接近压缩行程上止点前。

(2)影响最佳点火提前的因素

影响最佳点火提前的因素有转速、负荷、启动和怠速、汽油的辛烷值、压缩比、混合气成分、进气压力等。

2. 离心式点火提前角调节器

(1)离心式点火提前角调节器结构及作用

离心式点火提前角调节器结构如图 5.18 所示。离心式点火提前角调节器的作用是根据发动机转速的变化自动调节点火提前角。离心式点火提前角调节器安装在分电器内。

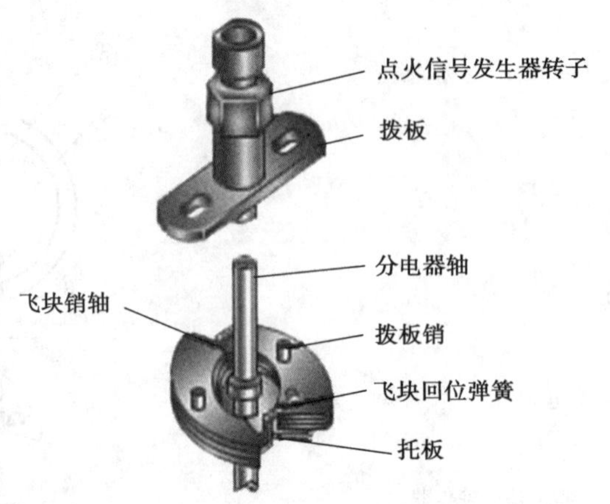

图 5.18　离心式点火提前角调节器的结构

(2)离心式点火提前角调节器检修内容及方法

①检查离心飞块甩动是否灵活,离心飞块与销轴、拨板销与拨板配合是否正常。用弹簧秤测量离心飞块回位弹簧的弹力。

②在专用试验台上检查离心式点火提前角调节器的性能,即点火提前角调整量与转速之间的关系。

3.真空式点火提前角调节器

(1)真空式点火提前角调节器的结构及作用

真空式点火提前角调节器结构如图 5.19 所示。真空式点火提前角调节器的作用是根据发动机负荷的变化自动调节点火提前角。它安装在分电器外部。

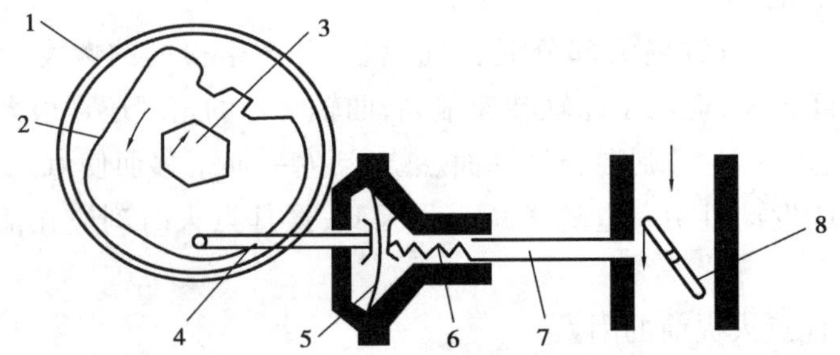

图 5.19　真空式点火提前角调节器的结构

1—分电器壳;2—分电器活动底板;3—信号发生器转子;4—推杆;
5—膜片;6—膜片回位弹簧;7—真空管;8—节气门

(2)真空式点火提前角调节器检修的内容及方法

①检查膜片是否破损、弹簧是否失效、推杆与活动底板连接是否松旷、活动底板转动是否卡滞、真空管接头螺纹是否完好。

②在真空管侧吹气或吸气,以检查调节器的密封性。

③在专用试验台上用真空泵给该调节器施加一定的真空度时,检查真空式点火提前角调节器性能。

4. 断电器

断电器的作用是接通和切断初级绕组的电路，使其电流发生变化，以便在次级绕组中产生高压电。断电器主要由凸轮、触点、点火提前装置等组成（图 5.20）。

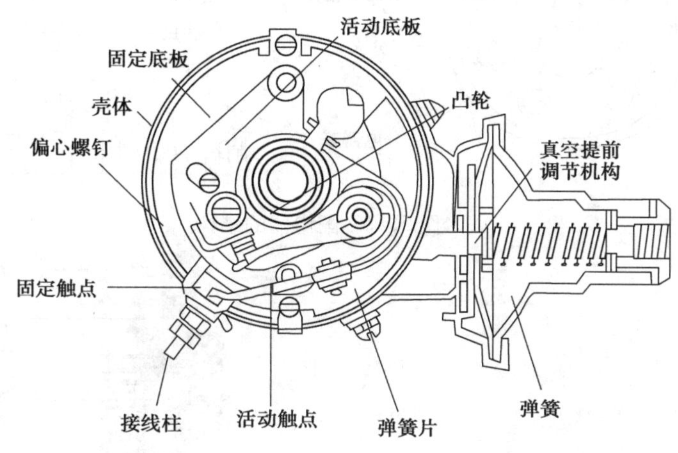

图 5.20 断电器的结构

断电器的凸轮在旋转过程中反复地控制着触点的关闭、通断初级电流。电容器和触点是并联的，其任务是给初级感应反电势形成回路，减轻触点的烧蚀，加快初级电流的通断速率。断电器凸轮和分火头装在同一轴上，一般由发动机配气机构凸轮轴上的斜齿轮驱动，四冲程发动机转速与分电器转速比为 2∶1，即曲轴每转两圈分电器转一圈。

5. 配电器

（1）配电器的结构及作用

配电器的作用是将点火线圈中产生的高压电，按发动机各缸的工作顺序轮流分送到各缸火花塞（图 5.21）。配电器由分电器盖和分火头组成（图 5.22），分火头插装在分电器轴的顶端和信号发生器转子一起旋转，其上有金属导电片。分电器盖的中间有高压线插孔，其内装有带弹簧的炭柱，炭柱压在分火头的导电片上。分电器盖的外围有与发动机汽缸数相等的旁电极插孔，以安装分高压线。

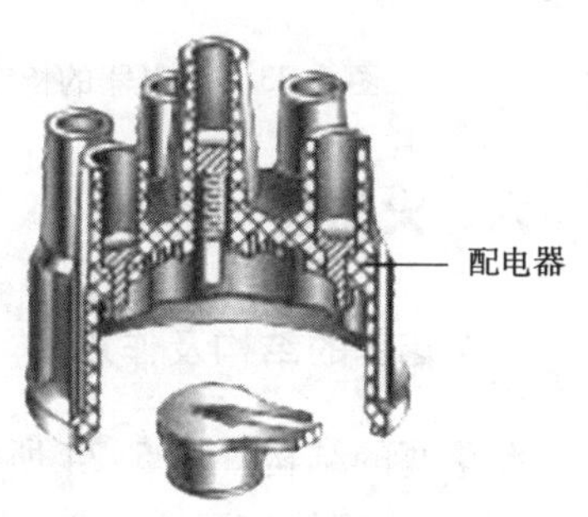

图 5.21 配电器

（2）配电器检查（图 5.23）

①检查分电器盖的绝缘性，各插孔之间的电阻应不小于 500 MΩ。

②检查分火头是否漏电。分火头导电片朝下放在发动机上或将分火头插到发动机螺栓上，其目的是搭铁。然后将分电器中央高压线移至分火头导电片或插孔底面 3～5 mm处，启动发动机观察，若高压线与分火头间产生电火花，说明分火头漏电，应更

换该分火头。

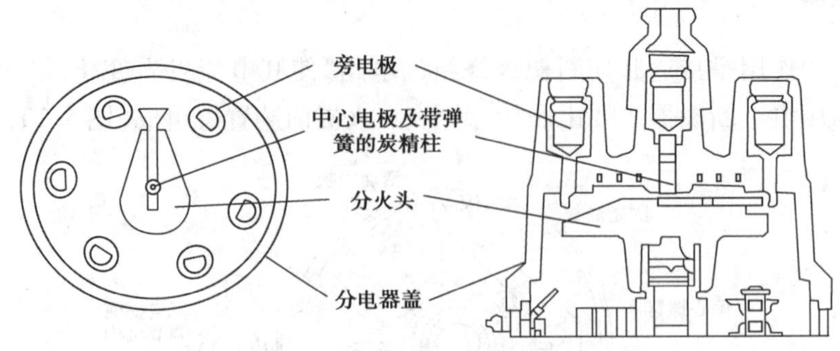

图 5.22　配电器的结构

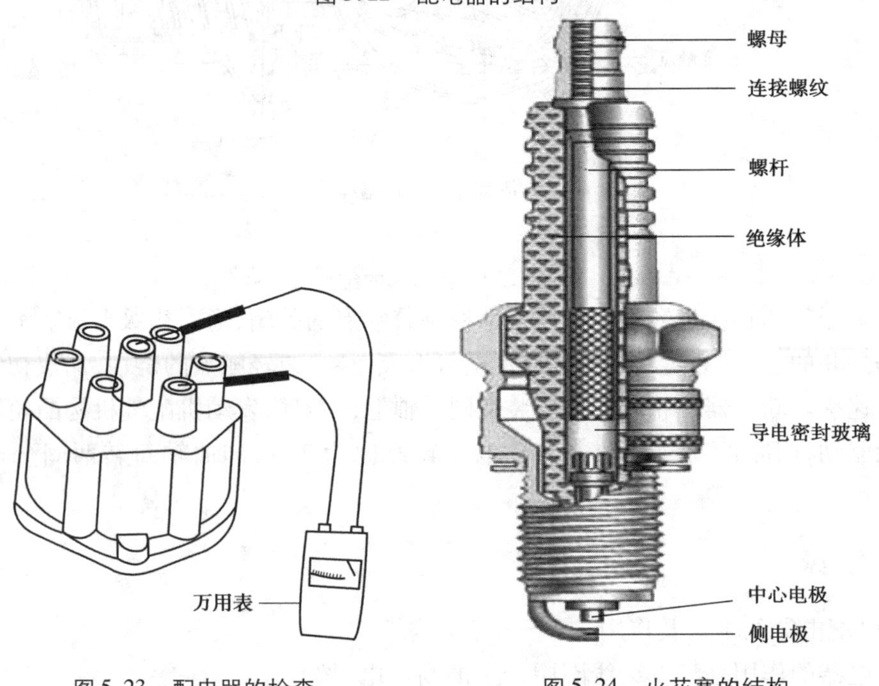

图 5.23　配电器的检查

图 5.24　火花塞的结构

六、火花塞

1. 火花塞的结构及作用

火花塞的结构如图 5.24 所示。火花塞的初级线圈绕组是由 200 匝 20 ~ 40 号铜线组成,次级绕圈绕组是由 2 万匝以上的细铜线组成的。中心电极用镍铬合金制成,具有良好的耐高温、耐腐蚀性能。中心电极做成两段,中间加有导电玻璃,由于导电玻璃和瓷绝缘体的膨胀系数相近,因此,导电玻璃主要是起密封作用。火花塞间隙多为 1.0 ~ 1.2 mm。电极间隙过小,火花微弱,并且容易因产生积碳而漏电;电极间隙过大,所需的击穿电压增高,发动机不易启动,且在高速时易发生"缺火"。

火花塞的作用是将点火线圈产生的高压电引入燃烧室,并在电极间产生电火花以点燃混合气。

2. 火花塞的工作条件及要求

①受高压燃气冲击及发动机振动,故应有足够的机械强度。

②受冲击性高电压的作用,故应有足够的绝缘强度。

③应能承受温度的剧烈变化。

④火花塞的电极应采用耐腐蚀材料。

⑤应有适当的电极间隙和安装位置,气密性良好。

3. 火花塞的热特性

火花塞具有冷却其中心电极的能力。

用火花塞绝缘体裙部长度标定的热值来表示,热值代号为 1 ~ 11。代号 1 ~ 3 为热型火花塞,代号 4 ~ 6 为中型火花塞,代号 7 ~ 11 为冷型火花塞(图 5.25)。

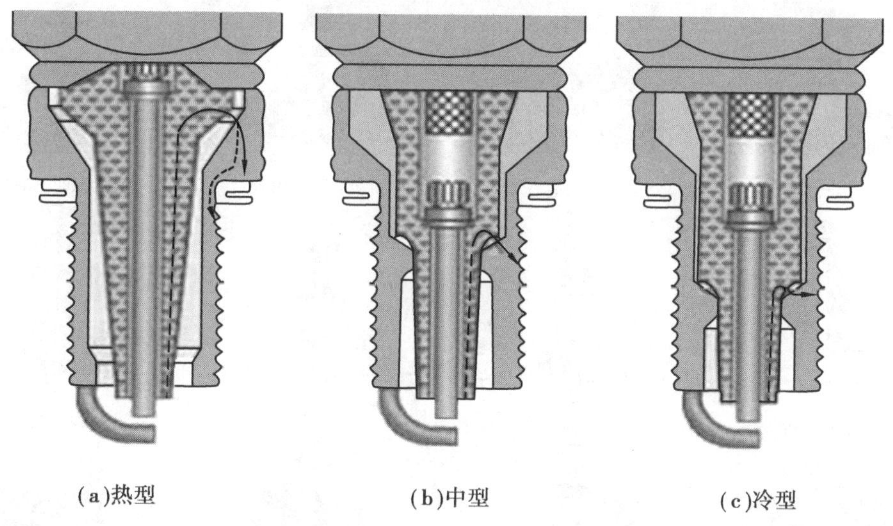

(a)热型　　(b)中型　　(c)冷型

图 5.25　火花塞的热特性类别

①热型火花塞沿中心电极有较长的绝缘层和较少的横截面积,使热量从电极传至汽缸盖。从而热量离开中心电极的速度较慢,电极端维持较高的工作温度。

②中型火花塞沿中心电极有一般长短的绝缘层和一般大小的面积,使热量从电极传至汽缸盖。中心电极散热一般,电极维持一般的工作温度。

③冷型火花塞沿中心电极有较短的绝缘层和较大的面积,使热量传至汽缸盖。中心电极散热较快,电极维持较低的工作温度。

4. 火花塞的检修

(1)常见故障

绝缘体裂损、电极烧蚀、积碳、电极间隙失准等,如图 5.26 所示。火花塞常见的受损现象如图 5.27 所示。

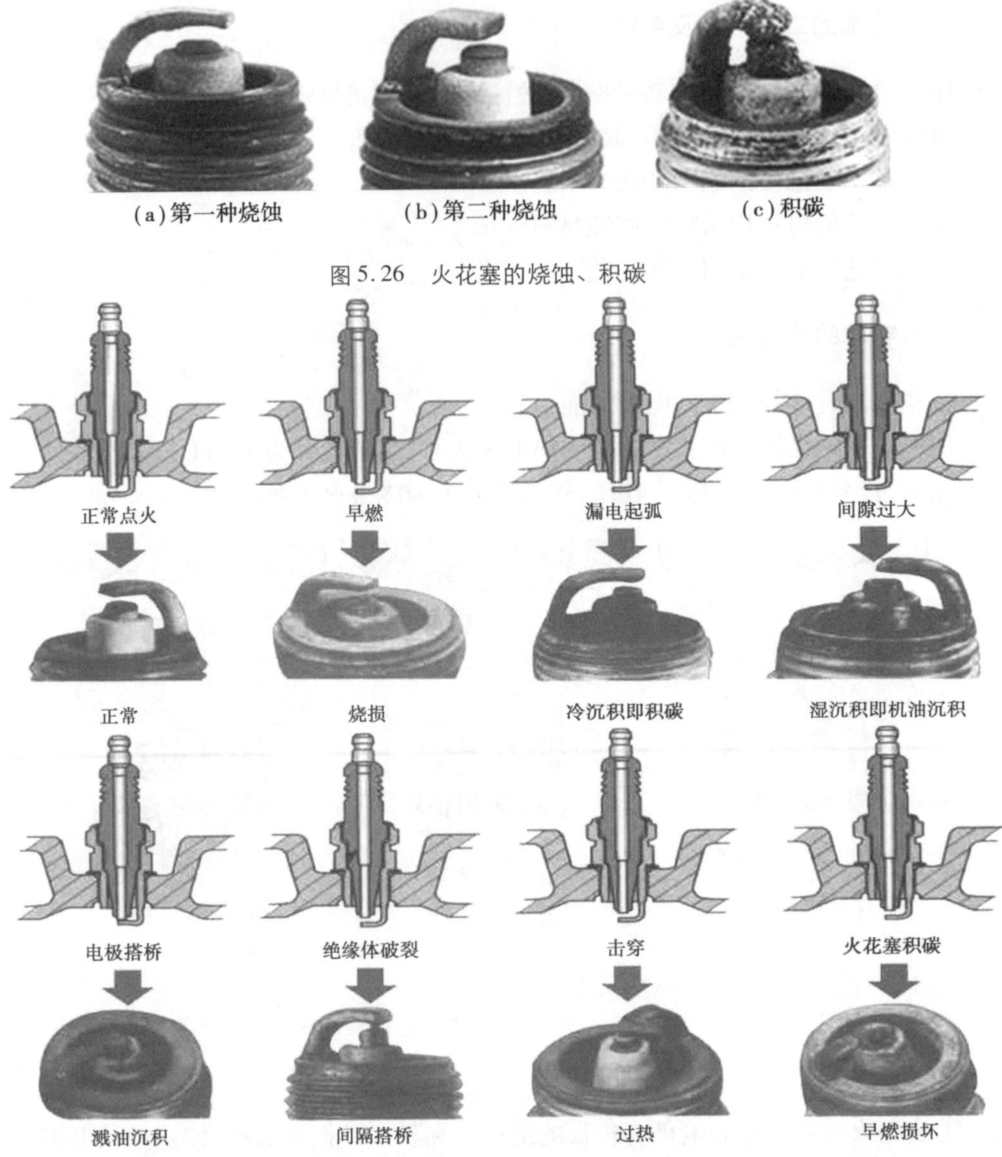

图 5.26 火花塞的烧蚀、积碳

图 5.27 火花塞常见的受损现象

(2)常见的解决方案

①火花塞积碳:用铜丝刷或软钢丝刷进行清理。

②火花塞电极间隙:用塞尺测量,专用工具弯曲侧电极来调整。

③绝缘体裂损、电极烧蚀:更换。

七、维护与常见故障诊断

1. 注意事项

①电子点火系统使用高能点火线圈,不能用普通的点火线圈代替。

②电子点火系统的分火头及高压线接头都具有高压阻尼电阻,以防无线电干扰,

不能用普通件来代替。

③清洗发动机时必须在发动机熄火时进行。

④连接或断开点火系统的线路,或连接检测仪表时,应在发动机熄火状态下进行。

⑤当点火系统有故障,由其他车辆拖行时,须将点火控制器的插头拔下。

2. 校对点火正时

①转动曲轴,使发动机第一缸活塞处于压缩上止点位置。

②转动分电器轴或分电器壳体,使分火头指向分电器壳体上的第一缸标记。然后对正分电器壳体与汽缸体上的标记,将分电器总成插入安装孔并固定分电器。

③盖上分电器盖,将第一缸分高压线插入分电器盖第一缸插孔,顺时针方向按点火顺序插好其他各缸分高压线。

④启动发动机,检查点火正时。

3. 点火正时的检查与调整

①检查:经验方法检查或正时灯检查。

②调整:松开分电器壳体夹板紧固螺钉,转动分电器壳体调整初始点火提前角。调整后,拧紧夹板紧固螺钉。

4. 发动机不能启动故障诊断

①用分电器中央高压线试火:无电火花或电火花弱则故障在低压电路,正常则故障在高压电路。

②低压电路故障:依次检查电源、点火线圈、点火开关、线路、点火信号发生器或电子点火器的故障。

③高压电路故障:分高压线试火,火花正常检查点火正时、火花塞;若无火花或火花弱,检查分电器盖或分火头是否漏电。

5. 发动机工作异常

发动机运转不均并有节奏振抖,冒“黑烟”并发出有节奏的“突突”声——个别缸不工作(分电器盖、高压线、火花塞故障)。

怠速工况发抖,加速有突爆声——点火过早。

发动机不易启动、加速无力、回火、温度过高——点火过迟。

发动机不易启动,怠速不稳易熄火,中、高速运转正常——低速缺火(火花塞间隙过小)。

发动机中、低速运转正常,而高速不稳,且排气管有“突突”声——高速缺火(火花塞间隙过大)。

任务四　了解电控点火系统

电控点火系统广泛应用于电控发动机,主要有带分电器的计算机点火系统和不带分电器的直接点火系统(DLI 点火系统)两种形式。

一、电控点火系统的功能

1.点火提前角控制

启动时将点火时刻固定在设定的初始点火提前角(图 5.28)。

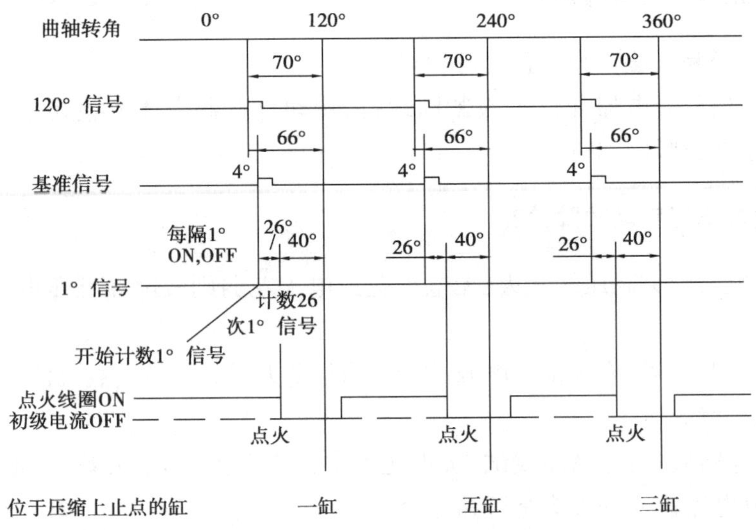

图 5.28　点火提前角控制原理

怠速时根据 IDL(怠速触点)信号、Ne(曲轴转角)信号和 A/C(空调开关)信号确定基本点火提前角(图 5.29)。

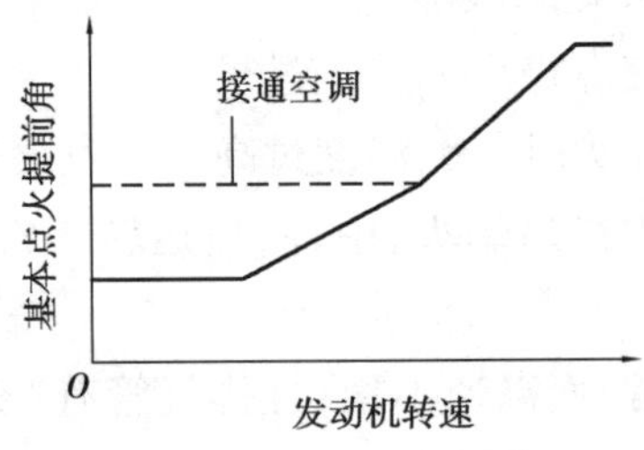

图 5.29　怠速时基本点火提前角的确定

其他工况根据转速信号和负荷信号确定基本点火提前角。

启动后对点火提前角修正,包括水温修正、怠速稳定修正和空燃比反馈修正。

其他工况基本点火提前角的确定，如图 5.30 所示。

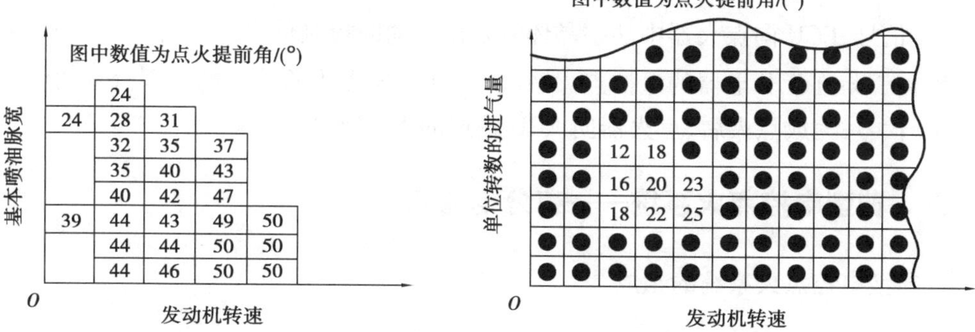

图 5.30　其他工况基本点火提前角的确定

2. 通电时间(闭合角)控制

根据 Ne 信号和电源电压确定合适的通电时间。随转速提高和电源电压下降，通电时间增长，如图 5.31 所示。

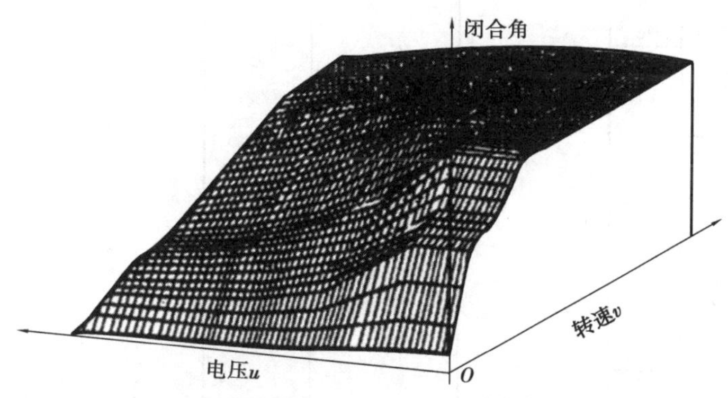

图 5.31　电压、转速、闭合角之间的关系

3. 爆燃控制

根据爆燃传感器信号对点火提前角进行反馈控制，如图 5.32 所示。

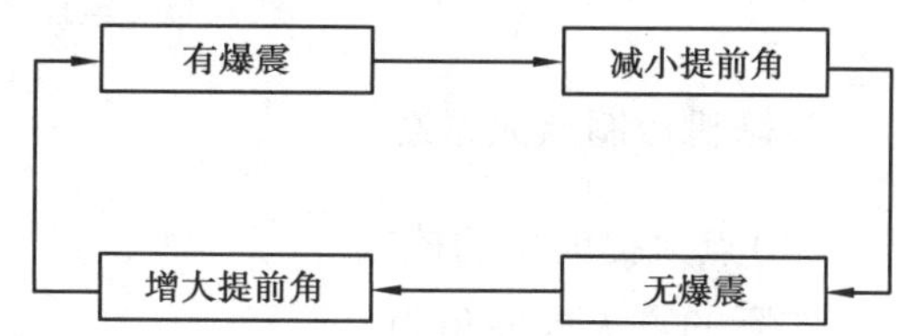

图 5.32　爆燃控制过程

二、电控点火系统的基本原理

电控点火系统主要由电源、点火开关、传感器、ECU、点火器、点火线圈、分电器、火花塞等组成。

1. 传感器信号

Ne 信号：发动机曲轴转角信号。

G 信号：活塞运行到压缩上止点位置的判别信号。

2. 控制信号

IG_t 信号：ECU 向点火器中功率晶体管发出的通断控制信号。

IG_d 信号：在无分电器的电控点火系统中，ECU 向点火器输送的判别汽缸的信号。

IG_f 信号：完成点火后，点火器向 ECU 输送的点火确认信号。

三、典型电控点火系统——有分电器式

1. 典型电控点火系统的组成

电控点火系统主要包括与点火有关的各种传感器、电子控制器（ECU）、点火器、点火线圈、火花塞等（图 5.33）。

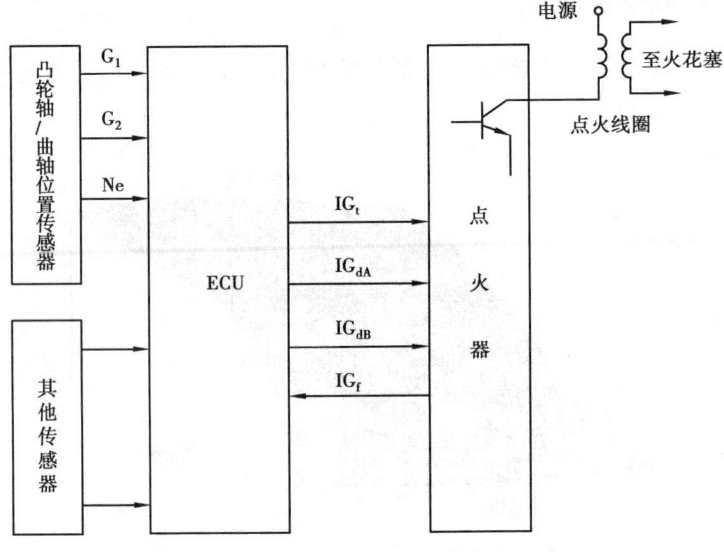

图 5.33 电控点火系统的组成

2. 微机控制点火系统

（1）点火提前角的控制

实际的点火提前角为：

实际点火提前角 = 初始点火提前角 + 基本点火提前角 + 修正点火提前角

（2）通电时间的控制

为了防止初级电流过大烧坏点火线圈，在点火控制电路中，必须控制一个最佳通电时间，保证在任何转速下初级电流都能达到规定值 7 A。这样既能改善点火性能，又能防止初级电流过大而烧坏点火线圈。

（3）爆燃控制

有爆燃时，则逐渐减小点火提前角（推迟点火），直到爆燃消失为止。

无爆燃时，则逐渐增大点火提前角（提前点火），当再次出现爆燃时，电子控制器又

开始逐渐减小点火提前角。爆燃控制过程就是对点火提前角进行反复调整的过程。

四、典型电控点火系统——无分电器式

电控点火系统根据点火线圈数量和高压电分配方式分为独立点火式、双缸同时点火式和二极管配电点火式3种(图5.34)。

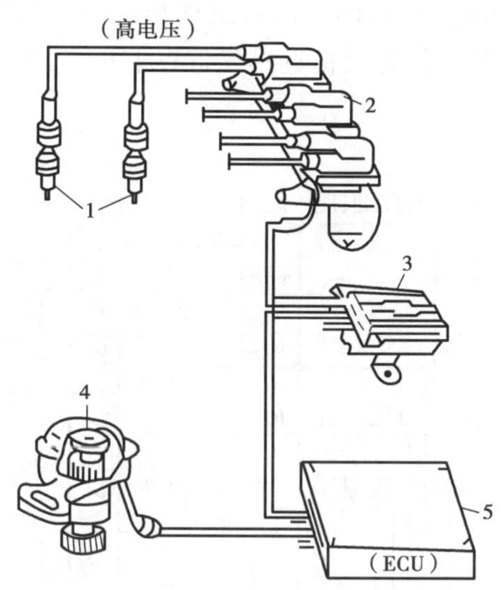

图5.34　电控点火系统——无分电器式组成

1—火花塞;2—点火线圈;3—点火器; 4—传感器;5—ECU

1. 独立点火式无分电器

独立点火方式是指每个汽缸的火花塞配置一个点火线圈,各个独立的点火线圈直接安装在火花塞上,单独向火花塞提供高压电,各缸独立点火(图5.35)。

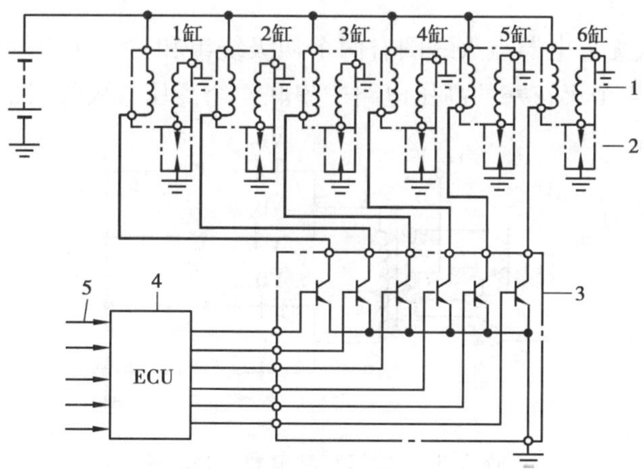

图5.35　独立点火式无分电器

1—点火线圈;2—火花塞;3—点火器;4—ECU;5—传感器信号

2. 双缸同时点火式无分电器

双缸同时点火式无分电器是指一只点火线圈同时为两个汽缸点火(图 5.36),即点火系统采用每两个汽缸共用一个点火线圈、4 个汽缸共用两个点火线圈的结构,每个点火线圈对应的两个汽缸的火花塞同时产生高压电。这种方式要求一只点火线圈同时为两个火花塞点火,同时点火的两个汽缸工作相位相差 360°曲轴转角,这样当一缸接近压缩行程上止点时,另一缸必然接近排气行程上止点,若此时点火,两个汽缸的火花塞将同时跳火。

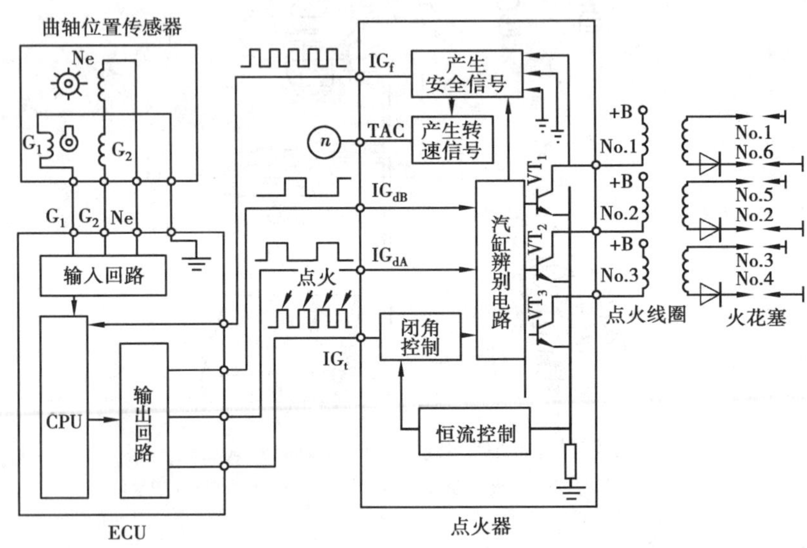

图 5.36　双缸同时点火式无分电器

3. 二极管配电式无分电器

二极管配电式无分电器点火线圈有两个初级绕组和一个次级绕组,次级绕组有两个输出端,在通往 4 个火花塞的高压电路中串联 4 个高压二极管(图 5.37)。

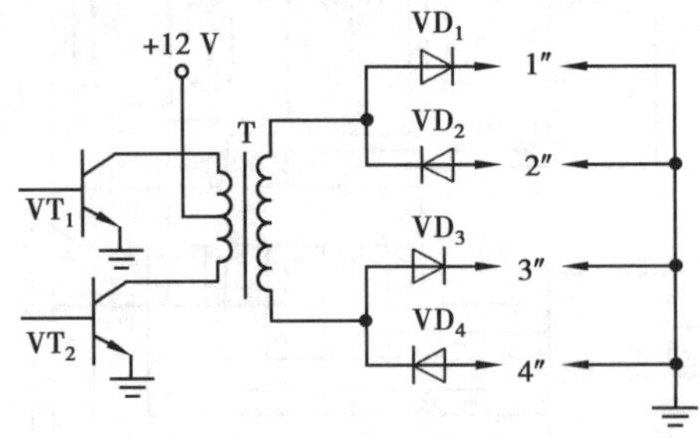

图 5.37　二极管配电式无分电器

五、有无分电器的电控点火系统比较

无分电器点火系统的工作原理与前述的点火系统的工作原理基本相同,都是利用各种传感器产生的各类信号，通过计算机的运算对点火线圈的初级绕组进行控制，使点火线圈的次级绕组产生高压电动势。所不同的是前述的电子点火系统用一个点火线圈，而无分电器点火系统则采用多个点火线圈，因此无分电器点火系统就要对需要进行点火的汽缸进行识别，控制需要点火汽缸的点火线圈通断，产生高压电。为此，无分电器的点火系统除了需要前述点火系统所需的发动机转速、负荷、水温、进气温度、启动、怠速等信号外，还需要有汽缸的识别信号。

汽缸识别信号可采用曲轴位置传感器或凸轮轴位置传感器信号，通过计算机运算后得出，再将汽缸识别信号送到点火器，点火器中的汽缸判断电路收到汽缸识别信号后，确定哪一个汽缸的点火线圈需要点火。

六、电控点火系统的主要元件

1. 点火器

(1)有分电器式电控点火系统——点火器

有分电器式电控点火系统中，点火器和点火线圈一般都与分电器组装在一起，称为整体式点火组件。

点火器是计算机点火控制系统的功率输出级，它按电子控制器输出的指令工作，并对点火信号进行放大、驱动点火线圈工作。各种发动机的点火器的内部结构也不一样，有的只有大功率三极管，单纯起开关作用。有的除起开关作用外，还有电流控制、闭合角控制、判别缸位、点火监视等功能。有的发动机不单设点火器，将大功率三极管组合在电子控制器中，由电子控制器直接控制点火线圈中的初级电流的通断。

(2)无分电器式电控点火系统——点火器

无分电器式电控点火系统中，点火器一般单独安装在点火线圈附近(图5.38)。

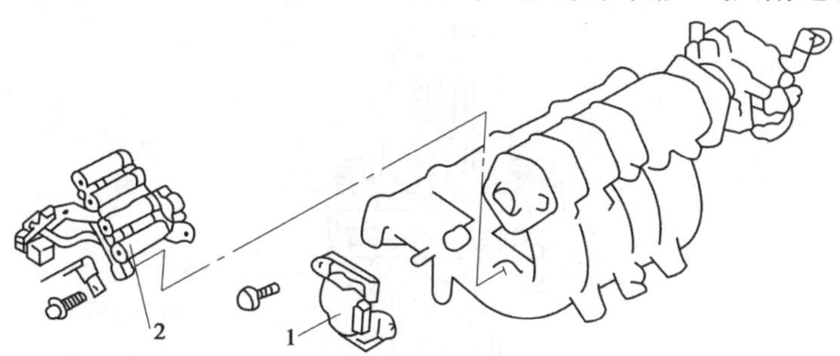

图5.38　无分电器式电控点火系统点火器的位置

1—点火器;2—点火线圈

在使用中，接好点火线圈与点火器的线束连接器，用万用表或示波器检测电子控制器相应端子间的电压，应符合规定标准，否则说明点火器或电子控制器有故障。

(3)点火器的检查标准

点火器的检查标准可参照表5.1。

表 5.1　点火器的检查标准

检测端子	检查条件	检查标准
+B 与搭铁	点火开关"ON"	蓄电池电压
IG_t 与搭铁	发动机工作	有脉冲
IG_f 与搭铁	发动机工作	有脉冲

2. 爆燃传感器

爆燃传感器的作用是检测发动机有无爆燃及爆燃强度。

(1)爆燃传感器的种类

爆燃传感器类型分为电感式和压电式两种，如图 5.39 所示。压电式爆燃传感器又分为共振型(图 5.40)、非共振型(图 5.41)和火花塞座金属垫型(图 5.42)。

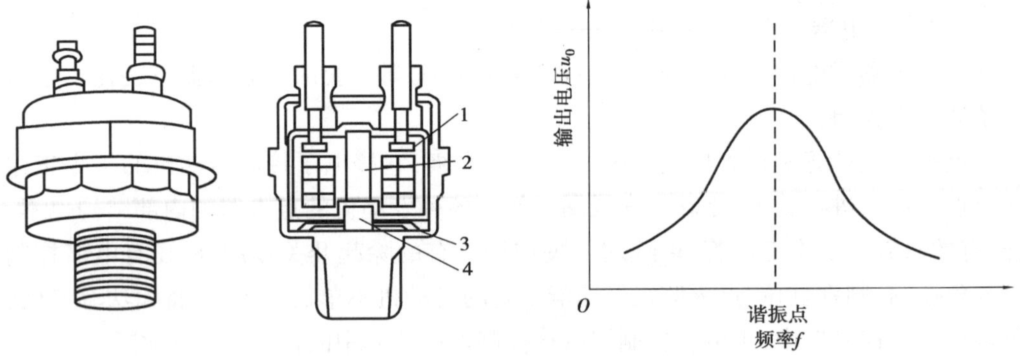

图 5.39　电感式爆燃传感器的结构及输出信号

1—线圈;2—铁芯;3—壳体;4—永久磁铁

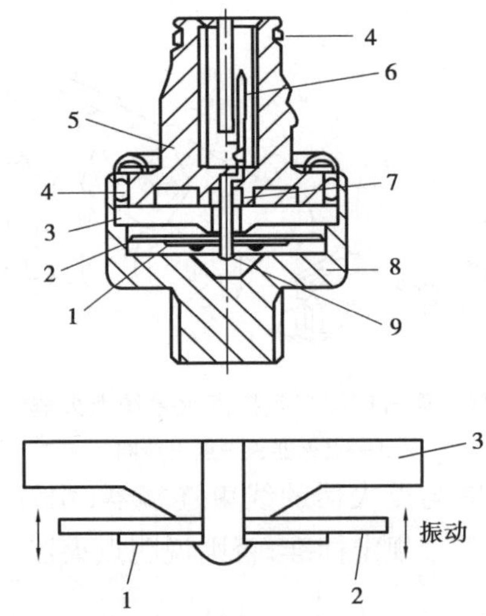

图 5.40　压电式共振型爆燃传感器

1—压电元件;2—振子;3—基座;4—"O"形圈;

5—连接器;6—接头;7—密封剂;8—壳体;9—引线

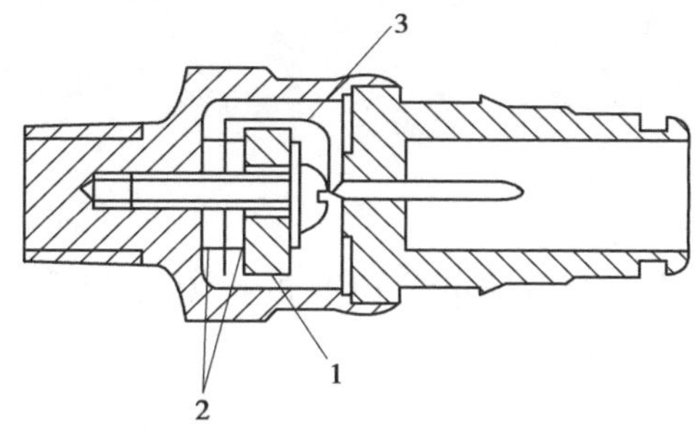

图 5.41　压电式非共振型爆燃传感器

1—配重块;2—压电元件;3—引线

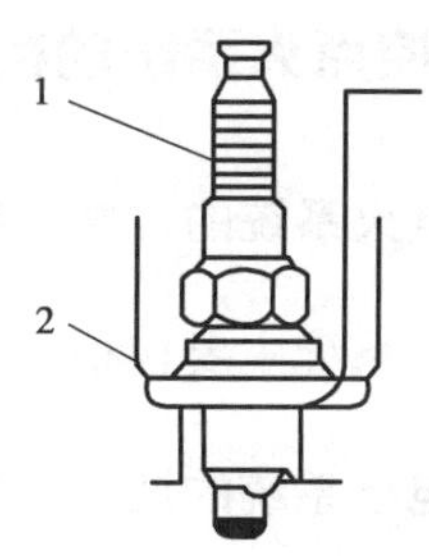

图 5.42　火花塞座金属垫型爆燃传感器

1—火花塞; 2—爆燃传感器

(2)爆燃传感器的检修

①拆开传感器线束连接器,检查传感器端子与壳体之间的电阻值,应不导通。

②怠速时,拆开传感器线束连接器,检查传感器端子与搭铁之间的信号电压,应有脉冲信号输出。

3. 点火控制电路

(1)点火控制电路的结构

点火控制电路的结构,如图 5.43 所示。

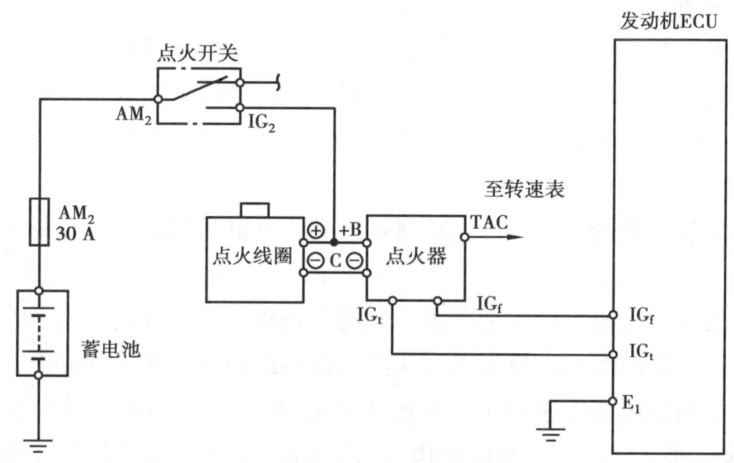

图 5.43　点火控制电路结构

(2)点火控制电路检查内容及方法

①点火开关接通后,检查点火器 + B 端子、点火线圈⊕端子与搭铁之间的电压值,应为蓄电池电压,否则说明电源电路有故障。

②怠速时,检查点火器 IG_t 端子与搭铁之间的电压信号,正常应有脉冲信号,否则说明控制线路或 ECU 有故障。

③怠速时,检查 ECU 的 IG_f 端子与搭铁之间的电压信号,正常应有脉冲信号,否则说明点火器或信号线路有故障。

七、电控点火系统的检修

1. 电控点火系统的检修内容

电控点火系统主要包括传感器、执行器、线束以及电控单元 ECU 的检测与诊断。

2. 检修电控系统的注意事项

①插拔点火系统各线束的连接器前,应先关闭点火开关。

②拔插 ECU 连接器前,必须将所有的用电设备和点火开关置于关闭位置,然后再拆除蓄电池负极接线柱电缆。

③切勿在发动机运转时插拔点火系统的各连接器。

④切勿用试火的方法检测发动机电控系统的故障。

【项目小结】

(1)点火系统的作用是适时提供足够能量,产生电火花点燃汽缸内的混合气,使发动机能及时、迅速地做功。

(2)按对点火提前角的控制方式不同,可分为传统点火系统、普通电子点火系统和电控电子点火系统。

(3)传统点火系统主要由电源(蓄电池、发电机)、点火开关、点火线圈、分电器(断电器、配电器、电容器、点火提前机构)、火花塞、高压导线、附加电阻等组成。

(4)点火线圈的作用是将电源的低压电转变成高压电,主要由外壳、绕组、接线柱和铁芯等组成。

(5)点火提前角是指某汽缸的火花塞跳火到该汽缸活塞运动至压缩上止点时曲轴转过的角度。

(6)点火信号发生器的作用是产生控制电子点火器的脉冲信号。

(7)电子点火器的作用是控制点火线圈一次绕组回路的接通或断开。

(8)分电器的作用是接通和切断初级线圈电路,并按各缸的工作顺序将高压电适时送至各缸火花塞。分电器主要由配电器、断电器、点火提前机构等组成。而点火提前机构则由离心式点火提前装置和真空点火提前装置组成。

(9)火花塞的作用是将点火线圈产生的高压电引入燃烧室,并在电极间产生电火花以点燃混合气。

(10)电控点火系统广泛用于电控发动机,主要有带分电器的计算机点火系统和不带分电器的直接点火系统(DLI 点火系统)两种形式。

(11)电控点火系统主要由电源、点火开关、传感器、ECU、点火器、点火线圈、分电器、火花塞等组成。

(12)电控点火系统无分电器式——根据点火线圈数量和高压电分配方式可分为独立点火式、双缸同时点火式和二极管配电点火式 3 种。

(13)爆燃传感器类型分为电感式和压电式两种。压电式爆燃传感器又分为共振型、非共振型和火花塞座金属垫型3种。

【习 题】

一、填空题

1. 目前汽车上使用的点火系统,大致可分为传统点火系统、________和________。
2. 点火系统的作用是____。
3. 断电器的作用是____。
4. 配电器的作用是____。
5. 点火线圈按磁路形式,可分为________________和________________。

二、选择题

1. 点火线圈上附加电阻的作用是(   )。
   A. 减小初级电流　　B. 增大初级电流
   C. 稳定初级电流　　D. 使初级电流达到最大值
2. 点火系统的二次侧高压在(   )时产生。
   A. 初级电路断开　　B. 初级电路闭合
   C. 二次侧电路断开　　D. 二次侧电路闭合
3. 分电器轴的旋转速度与发动机转速之间的关系为(   )。
   A. 1∶1　　B. 1∶2　　C. 2∶1　　D. 1∶6
4. 闭磁路点火线圈和开磁路点火线圈相比,其铁芯不是条形而是(   )字形。
   A. "日"　　B. "田"　　C. "Y"　　D. "F"
5. Ne信号指发动机(   )信号。
   A. 凸轮轴转角　　B. 车速传感器　　C. 曲轴转角　　D. 空调开关

三、简答题

1. 简述传统点火系统中分电器的离心式调节器和真空式调节器的工作原理。
2. 简述点火线圈的组成。
3. 影响二次侧电压的因素有哪些,应怎么减少影响?
4. 简述点火系统的基本要求。
5. 点火系统按点火控制方式如何划分?
6. 火花塞上产生的电压高低与哪些因素有关?

项目六　照明仪表及辅助电气设备

【项目描述】

为了保证汽车在各种条件下能够安全行驶,需要了解汽车的行驶状态,时刻观察汽车各个系统及零部件的工作情况。汽车上装有各种信号装置和照明设备,用来照明道路、驾驶室和车厢内部以及各种仪表等。此外,还有刮水器、风窗清洗装置和后窗清洗装置等在内的汽车辅助电气设备。仪表包含指示燃油箱中储存油量的油量表、指示发动机冷却水工作温度的水温表、指示行驶速度和里程的车速里程表等。本项目将从照明系统、信号系统、仪表、报警信号装置、辅助电器系统 5 个方面进行阐述。

【学习目标】

- 了解汽车电子仪表的显示装置;
- 了解汽车电磁波干扰与防止、汽车电子防盗装置等;
- 了解风窗刮水器的组成及电路;
- 理解显示系统的各种电路结构和工作原理;
- 理解水温表、燃油表、转速表等的结构和工作原理;
- 理解报警系统的组成,掌握各个部件的作用;
- 掌握汽车仪表的组成和各个部件的作用。

【技能目标】

- 能对照明系统主要元件进行维护和检修;
- 能对照明系统常见故障进行诊断与排除;
- 能对仪表工作情况进行正确判断和维护。

任务一　了解照明系统

为了保证汽车在各种条件(夜间行车、车厢照明、仪表照明及检修照明)下安全行驶,在汽车上装有各种照明、信号、仪表和报警装置,其数量的多少和配置形式因车型而异,主要有照明灯、信号灯、报警灯、仪表、电子显示装置、发音装置、操纵控制装置等。

一、照明系统概述

1.照明系统的要求

为了保证汽车在夜间及能见度较低的情况下安全、高速行驶,改善车内驾乘环境,便于交通安全管理和车辆使用及检修,对现代汽车照明系统提出以下要求:

①照明设备能提供车前道路 100 m 以上明亮均匀的照明,在会车时,不应对迎面来车的驾驶员造成眩目。随着车速的不断提高,要求的道路照明距离也相应增加,现在有些车的照明距离已达到 200 m 以上。

②驾驶员在夜间倒车时能看清车后的情况。

③在夜间,其他行驶车辆驾驶员和行人在一定距离内能看清车辆的牌号。

④采用特殊照明设备,提高能见度,改善雾天行车条件。

⑤车内要有足够的照明装置,当车内光线强度不够时,可增强车内光线强度,既便于驾驶员操纵车辆、观察仪表等,又满足乘客阅读等要求。

⑥车厢内和发动机罩下应有照明装置,便于车辆使用和检修。

2.照明系统的组成

汽车照明系统由电源、照明装置及其控制部分等组成。控制部分包括各种灯光开关、继电器等。照明装置包括车外照明、车内照明和工作照明 3 个部分。

(1)车外照明装置

车外照明装置包括前照灯、雾灯、倒车灯、牌照灯等。

(2)车内照明装置

车内照明装置包括仪表灯、顶灯、阅读灯等。

(3)工作照明装置

工作照明装置包括行李箱灯、发动机罩灯等。

二、常用照明灯

1. 前照灯

前照灯也称大灯或头灯，主要用于夜间行车时的道路照明，灯光为白色。前照灯包括远光灯和近光灯两种。远光灯用于保证车前道路 100 m 以外明亮均匀的照明，功率一般为 50 ~60 W。近光灯在会车时和市区明亮的道路上行驶时使用，既避免对迎面来车的驾驶员造成眩目而发生危险，又保证车前 50 m 内的路面照明，功率一般为 30 ~55 W。前照灯有两灯制和四灯制两种配置方法。前照灯的灯泡结构及卤钨灯泡分别如图 6.1 和图 6.2 所示。

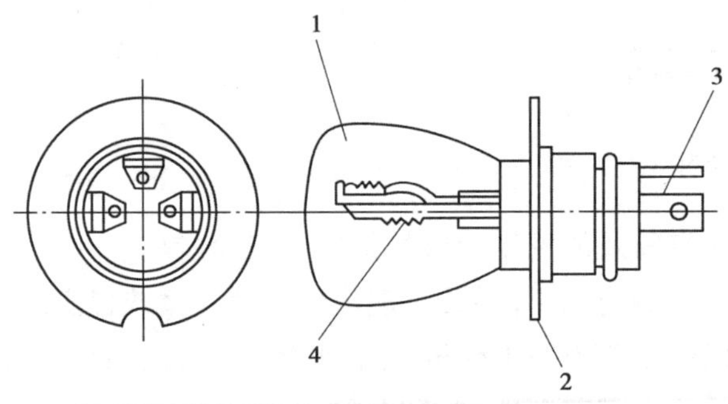

图 6.1　前照灯的灯泡结构

1—玻璃泡；2—插头凸缘；3—插片；4—灯丝

反射镜俗称反光镜，其作用是尽可能地将灯泡发出的散射光线聚合成集中的平行光束，从而提高光的强度，保证车前 150 ~400 m 内得到足够的照明（图 6.3）。配光镜的几何形状如图 6.4 所示。

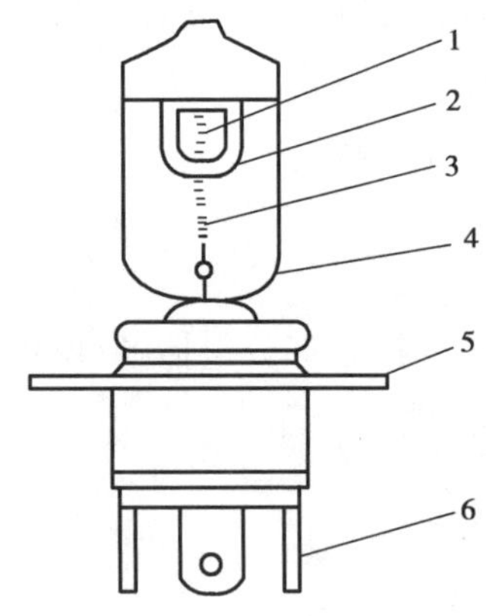

图 6.2　前照灯的卤钨灯泡

1—近光灯丝；2—远光灯丝；3—定焦盘；4—配光屏；5—凸缘；6—插片

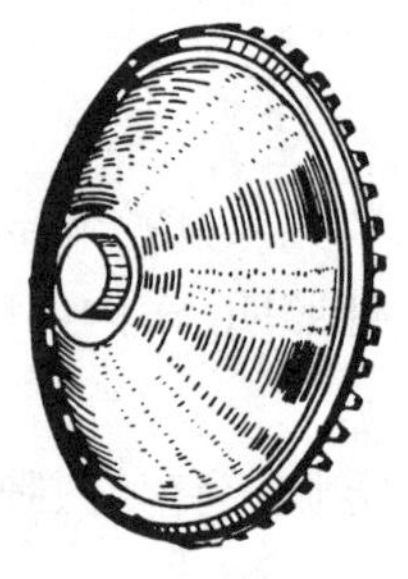

图 6.3　前照灯的反射镜

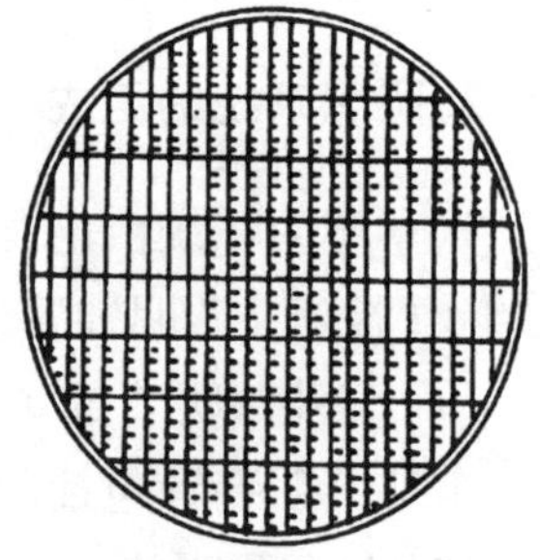

图 6.4　配光镜的几何形状

（1）结构类型

前照灯按光学组件的结构类型不同，可分为可拆式、半封闭式（图 6.5）和全封闭式(图 6.6)3 种。

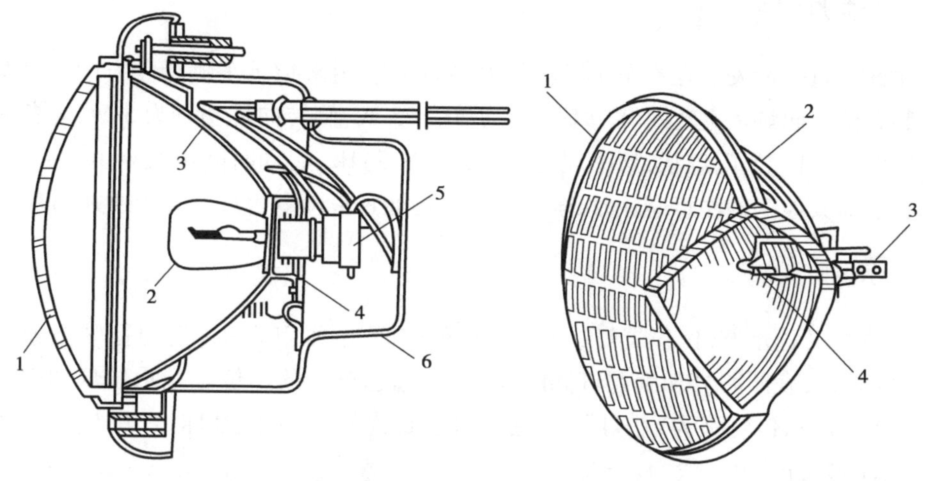

图 6.5　半封闭式前照灯

1—配光镜;2—灯泡;3—反射镜;4—插座;5—接线盒;6—灯壳

图 6.6　全封闭式前照灯

1—配光镜;2—反射镜;3—接头;4—灯丝

(2)近光灯防眩目措施

①将近光灯丝装在反射镜焦点上方,使近光灯的光线经反射镜反射后绝大部分投向路面,从而具有一定的防眩目作用。

②在近光灯丝下方设配光屏。用配光屏挡住近光灯丝射向反射镜下半部的光线,从而消除近光灯光束向斜上方照射的部分,使防眩目效果得到进一步改善。

③采用非对称近光光形。配光屏安装时偏转一定的角度,使近光的光形分布不对称,不仅可以防止对驾驶员造成眩目,还可以防止对迎面而来的行人造成眩目,并且照亮同方向的人行道路,更加保证了汽车行驶的安全性。

2. 倒车灯

倒车灯安装在汽车尾部。倒车灯供倒车时车后的照明,并起到信号提醒的作用,功率一般为 20 ~25 W,灯光一般为白色。倒车灯一般由装在变速器上的倒挡开关控制。倒车时,倒挡开关接通,倒车灯点亮,照明车后侧,同时警示后方车辆行人注意安全。

3. 牌照灯

牌照灯装于汽车尾部牌照上方或左右两侧,牌照灯用来照明车后牌照,功率一般为 5 ~10 W,灯光一般为白色。由灯光总开关控制,灯光总开关接通后,牌照灯亮。

4. 雾灯

雾灯安装在汽车头部或尾部,在有雾、下雪、暴雨或尘埃弥漫时提供行车照明并具有信号提醒作用,一般车辆只有前雾灯,有的车辆还有后雾灯,前雾灯功率一般为 45 ~55 W,灯光为黄色。后雾灯功率一般为 21 W 或 6 W,灯光为红色,以警示尾随车辆保持安全距离。雾灯由雾灯开关控制,有些汽车的雾灯开关又受灯光总开关控制。

5. 转向灯

主转向灯一般安装在汽车头、尾部的左右两侧,用来指示车辆行驶方向。汽车车侧中间装有侧转向灯。主转向灯功率一般为 20 ~ 25 W,侧转向灯功率为 5 W,光色为琥珀色。转向时,灯光呈闪烁状,频率规定为(1.5 ±0.5)Hz,启动时间不大于 1.5 s。在紧急遇险状态需其他车辆注意避让时,全部转向灯可通过危险警报灯开关接通并同时闪烁。

6. 示位灯

示位灯又称示宽灯、位置灯,安装在汽车前面、后面和侧面,夜间行驶接通前照灯时,示位灯、仪表照明灯和牌照灯同时发亮,以标志车辆的形位等。示位灯功率一般为 5 ~ 20 W。前示位灯称为“小灯”,光色为白色或黄色;后示位灯称为“尾灯”,光色为红色;侧示位灯的光色一般为琥珀色。

7. 制动灯

制动灯称为“刹车灯”,安装在汽车尾部。在踩下制动踏板时,发出较强红光,以示制动。制动灯功率为 20 ~ 25 W,光色为红色,灯罩显示面积较后示位灯大。为避免尾随大型车对轿车碰撞的危险,轿车后窗内可加装由发光二极管成排显示的高位制动灯。

8. 驻车灯

驻车灯装于车头和车尾两侧,要求从车前和车尾 150 m 远处能确认灯光信号,车前处光色为白色,车尾处光色为红色。夜间驻车时,将驻车灯接通标志车辆形位。

9. 仪表灯

仪表灯装在仪表板反面,用来照亮仪表指针及刻度板,功率为 2 W,灯光一般为白色,由灯光总开关控制,灯光总开关接通,仪表灯亮。有些车辆还增加了仪表灯亮度调节装置,以便随意调节仪表灯的亮度。

10. 顶灯

顶灯主要用于车内照明,功率一般为 5 ~ 15 W,灯光一般为白色,通常由灯光总开关和顶灯开关共同控制。有的车辆顶灯还具有门灯的作用,当车门关闭不严时灯亮,提醒驾驶员注意。

11. 门灯

门灯装在轿车外张式车门内侧底部,开启车门时门灯发亮,以告示后方行人、车辆注意避让。门灯功率为 5 W,光色为红色。

12. 警报指示灯

警报指示灯常见的有机油压力警报灯、水温过高警报灯、充电指示灯、转身指示灯、远光指示灯等,警报灯一般为红色、黄色,指示灯一般为绿色或蓝色。

13. 阅读灯

阅读灯安装在乘员席前部或顶部,聚光时乘员阅读不会给驾驶员造成眩目现象,照明范围较小,有的还有光轴方向调节机构。灯光一般为白色,由阅读灯开关控制。

14. 行李箱灯、发动机罩灯

行李箱灯安装在轿车或客车行李厢内,当行李箱门打开时,灯自动发亮,照亮行李箱内空间,功率一般为 5 W,灯光一般为白色,由灯光总开关和行李箱门控开关共同控制。

发动机罩灯在夜间发动机罩打开时照亮发动机舱,灯光一般为白色,由灯光总开关和发动机罩开关共同控制。

三、照明系统基本电路

照明系统基本电路可分为两种:一种是由电源、开关、照明装置组成的电路;另一种是出电源、开关、继电器、照明装置组成的电路。前一种电路,开关直接控制照明装置;后一种电路,开关经过继电器控制照明装置,减小了开关的工作电流,有利于减少开关的故障。在轿车上,这两种电路往往混合使用。汽车照明基本电路如图 6.7 所示。

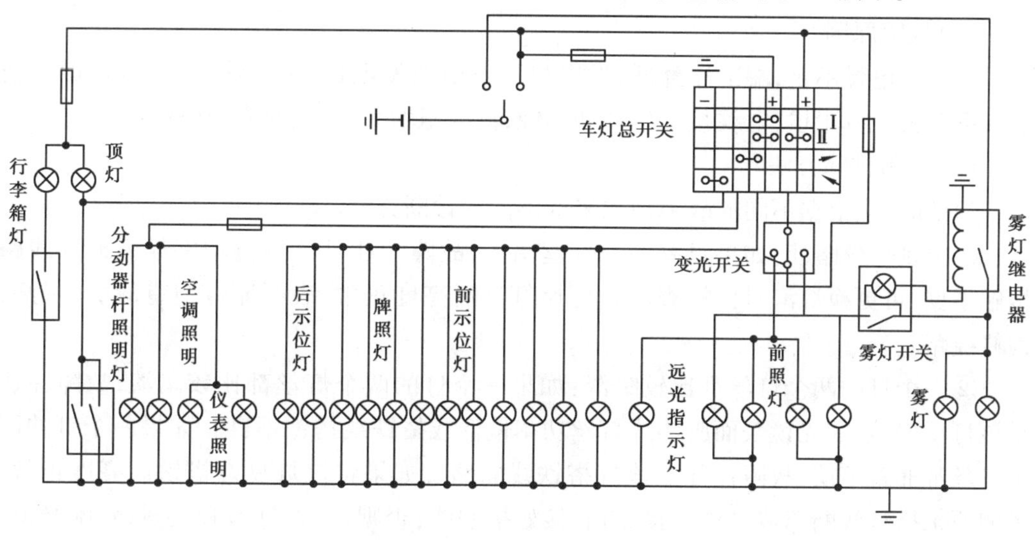

图 6.7　汽车照明基本电路

四、常见故障诊断与排除

1. 前照灯不亮

(1)故障原因

前照灯保险丝烧断,电源线松动或脱落,搭铁线搭铁不良或接插件接触不良,车灯开关或变光开关有故障。

(2)诊断排除方法

诊断时,应根据不同的故障现象采取不同的诊断方法,以提高故障诊断和排除的速度。

①一个灯丝不亮:不论远光还是近光,如果只有一个灯丝不亮,故障往往是该灯丝或其保险丝烧断。如果灯丝和保险丝正常而灯不亮,说明该灯线路断路或接触不良,检查排除即可。

②远光灯或近光灯都不亮:如果远光灯或近光灯都不亮,故障往往是变光开关有故障或变光开关上的远光灯或近光灯接线脱落或保险丝烧断。如果变光开关及其接线和保险丝正常而灯不亮,再检修灯丝和线路。

③前照灯都不亮:如果远光灯和近光灯都不亮,故障往往是变光开关或其电源线有故障。应首先检查仪表灯是否正常,如果仪表灯工作正常,说明车灯开关的电源线正常,然后将点火开关接通(必要的话),前照灯接通,检查变光开关上的接线柱电压是否正常。若电压为零,说明车灯开关至变光开关之间的线路断路或车灯开关有故障;若电压正常,可以短接变光开关试验,灯亮,说明变光开关损坏,应更换;否则检查变光开关后的线路和灯丝,必要时给予修理和更换。

2. 前照灯灯光暗淡

(1)故障原因

蓄电池电量不足,端电压降低;发电机不发电或发电量不足,输出电压低;散光玻璃或反射镜上有尘埃;电线接头松动和锈蚀,使电阻增大;灯丝蒸发、功率降低。

(2)诊断排除方法

诊断时,应根据不同的故障现象采取不同的诊断方法。

①个别灯丝暗淡:如果只有一个灯丝暗淡,故障往往是该灯丝功率偏低或其线路接触不良,可更换灯泡对比检查。若更换灯泡后亮度正常,表明原灯泡有故障;否则,检修线路。

②一个灯的两个灯丝都比较暗淡:如果一个灯的两个灯丝都比较暗淡,故障往往是该灯反射镜、配光镜表面脏污或灯丝功率偏低或搭铁线搭铁不良。如果一个灯的两个灯丝都非常暗淡,故障往往是该灯搭铁线断路。如果将该灯良好搭铁后亮度正常,表明原来搭铁线断路或搭铁不良,重新接好搭铁线;否则,检查灯泡和反射镜、配光镜,必要时进行清洁或更换。

③前照灯都比较暗淡:如果前照灯都比较暗淡,故障往往是电源电压偏低或前照灯性能降低或线路接触不良。应先检查电源电压是否正常,如果偏低,再检查充电系统;否则检查前照灯及其线路接触情况,视情况修理。

3. 前照灯灯丝经常烧坏

(1)故障原因

电压调节器有故障或线路连接错误,导致发电机输出电压过高。

(2)诊断排除方法

检修充电系统,使发电机在各种情况下的输出电压都不超过规定值。

任务二　了解信号系统

一、作用

汽车信号系统的作用是通过声、光信号向其他车辆的驾驶员和行人发出有关车辆运行状况或状态的信息,以引起有关人员注意,确保车辆的行驶安全。

二、组成

汽车信号系统由声响信号装置和灯光信号装置组成。

三、常用信号系统

1.声响信号装置

声响信号装置包括气喇叭、电喇叭和蜂鸣器等,在汽车起步、超车、倒车或转向时,提醒行人和其他车辆注意。气喇叭是利用气流使金属膜片振动发声,多用在装有气压制动的载重汽车上。电喇叭的声音清脆悦耳,其音量不超过 105 dB,因而被广泛应用于各种类型的汽车上。蜂鸣器有倒车蜂鸣器和转向蜂鸣器之分。

电喇叭直接由喇叭按钮(或通过喇叭继电器)控制;倒车蜂鸣器由倒挡开关控制;转向蜂鸣器由转向开关控制。

2.灯光信号装置

灯光信号装置包括转向信号灯、制动信号灯、危险警告信号灯及示廓灯、停车灯、雾灯、门灯等。

(1)转向信号灯

在汽车起步、超车、调头和停车时,左侧或右侧的转向信号灯会发出明暗交替的闪光信号,以示汽车改变行驶方向。汽车的转向信号灯大都采用橙色,转向信号灯的闪光频率应控制在 50 ~ 110 次/min,一般为 60 ~ 95 次/min。转向信号灯每侧至少两个:前转向信号灯、后转向信号灯,有的还有侧转向信号灯。转向信号灯由转向开关控制。

(2)制动信号灯

制动信号灯装在汽车尾部两侧,在汽车制动时,发出较强的红光,以示汽车紧急减速,提醒后面的车辆和行人注意。两个制动灯的安装位置应与汽车的纵轴线对称并在同一高度,制动灯的红色信号应保证夜间 100 m 以外能够看清。

制动灯由安装在制动踏板下面或制动总泵(阀)上的制动开关控制。由于采用双管路制动,有的车辆有两个相互并联的制动开关分别装在制动总泵(阀)上。

(3)危险警告信号灯

危险警告信号灯又称为危险报警灯,当前、后、左、右危险警告信号灯同时闪烁时,表示车辆有紧急情况需要处理。危险警告信号灯与转向信号灯采用同一套灯具,闪烁频率要求与转向信号相同。

(4)示廓灯

示廓灯是指标志汽车宽度和高度方向轮廓的信号灯,分别称为示宽灯和示高灯。示宽灯包括装在车前部的小灯、车后部的尾灯,它们装在汽车前后两侧的边缘,在汽车夜间行驶时,以示汽车的宽度。

(5)停车灯等

有一些车辆还装有供停车时标志汽车存在的停车灯,标志车门打开后车辆宽度的门灯等。

3. 电喇叭

电喇叭有筒形、螺旋形和盆形(图6.8)等不同的结构形式。由于盆形电喇叭具有结构尺寸小、质量小、指向性好等特点,因此现代汽车普遍采用。喇叭继电器如图6.9所示。

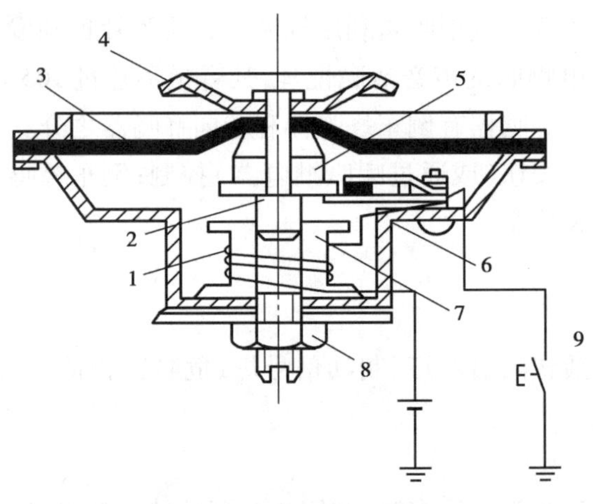

图6.8 盆形电喇叭

1—磁环线圈;2—活动铁芯;3—膜片;4—共鸣片;5—振动块;6—外壳;7—铁芯;8—锁紧螺母;9—喇叭按钮

4. 转向信号灯

转向信号灯电路主要由转向信号灯、闪光器、转向灯开关等组成。转向信号灯的闪烁是由闪光器控制的,闪光频率规定为(1.5 ±0.5)Hz,要求信号效果好。

许多汽车转向信号灯和示宽灯装在一起,采用双灯丝结构。功率高的是转向信号灯,以保证在示宽灯亮时,转向信号灯的闪烁仍然可以明显分辨。

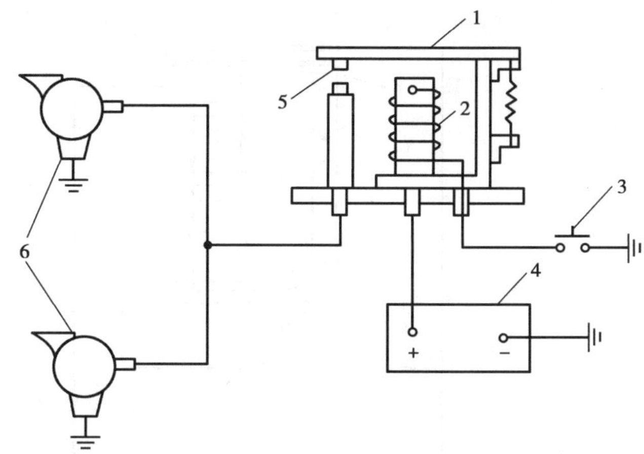

图 6.9　喇叭继电器

1—触点臂;2—线圈;3—按钮;4—蓄电池;5—触点;6—喇叭

常见的闪光器有 3 类:电容式闪光器、翼片式闪光器、电子闪光器(晶体管式),如图 6.10 所示。

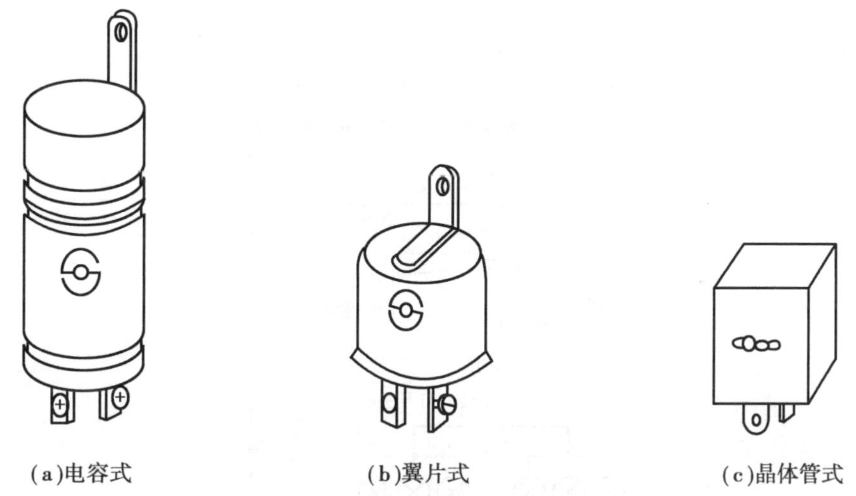

(a)电容式　(b)翼片式　(c)晶体管式

图 6.10　常见的闪光器类型

(1)电容式闪光器

电容式闪光器主要由继电器和电容组成(图 6.11)。在继电器的铁芯上绕有串联线圈和并联线圈,利用电容器充放电时电流方向相反和延时的特性,控制继电器串联线圈和并联线圈所产生的电磁力的大小和方向,进而控制常闭触点的开闭状态,使转向信号灯因通过电流大小交替变化而闪烁。

(2)翼片式闪光器

翼片式闪光器通过其热胀条的热胀冷缩(通、断电控制),使翼片产生变形动作控制触点开闭,使转向信号灯闪烁。翼片式闪光器又分为直热式(图 6.12)和旁热式(图 6.13)两种。

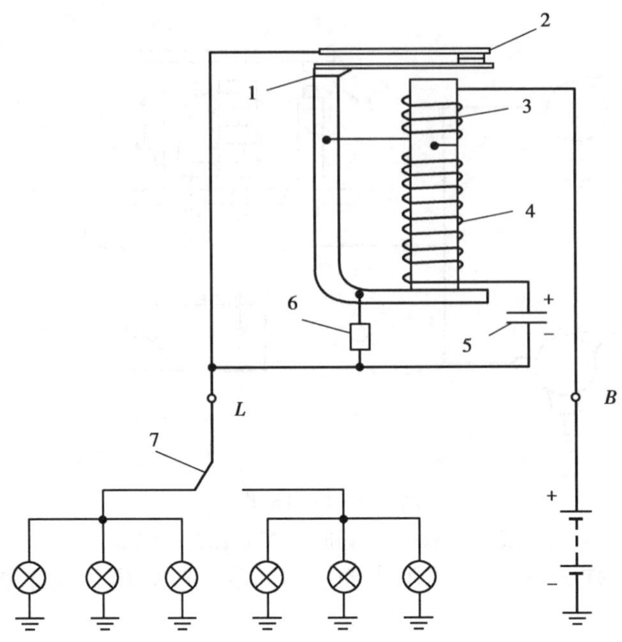

图 6.11　电容式闪光器

1—弹簧片;2—触点;3—串联线圈;4—并联线圈;
5—电容器;6—灭弧电阻;7—转向灯开关

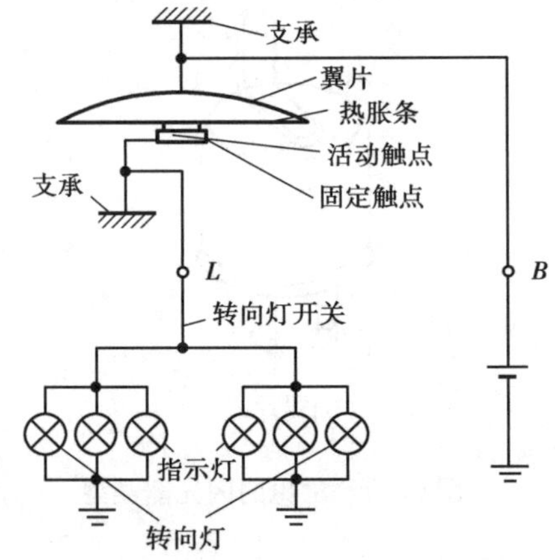

图 6.12　直热翼片式闪光器

(3)电子闪光器

电子闪光器的结构形式较多,按有无机械触点可分为无触点电子闪光器(图6.14)和由电子元件、继电器组成的有触点电子闪光器(图 6.15);按电子元件的结构形式可分为分立元件电子闪光器和集成电路电子闪光器(图 6.16)。电子闪光器主要由振荡电路和放大驱动电路两部分组成。振荡电路的作用是产生性能稳定、占空比在 50% 左右、频率为 65 ~ 85 Hz 的脉冲信号。放大驱动电路的作用是将脉冲信号放大并驱动转向灯控制器件动作,实现转向灯闪烁。

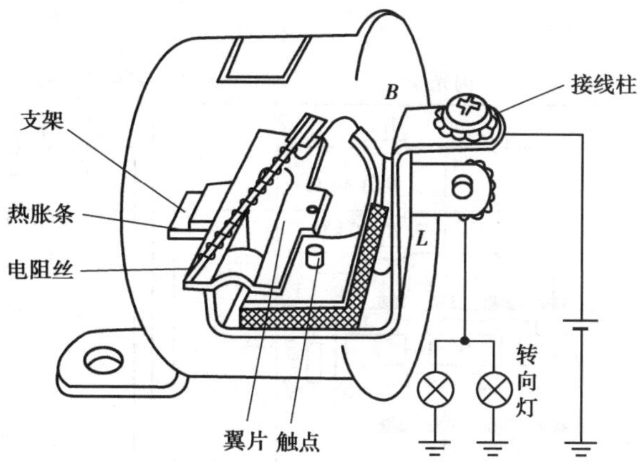

图 6.13　旁热翼片式闪光器

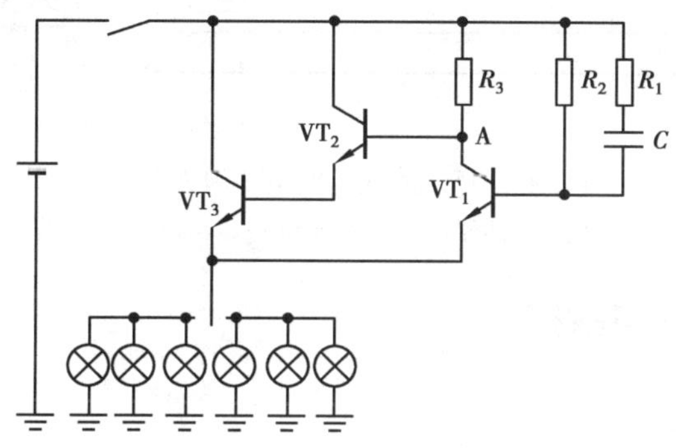

图 6.14　无触点电子闪光器

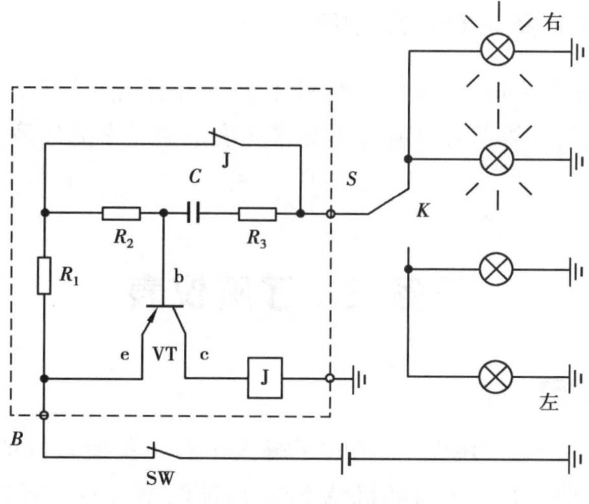

图 6.15　有触点电子闪光器

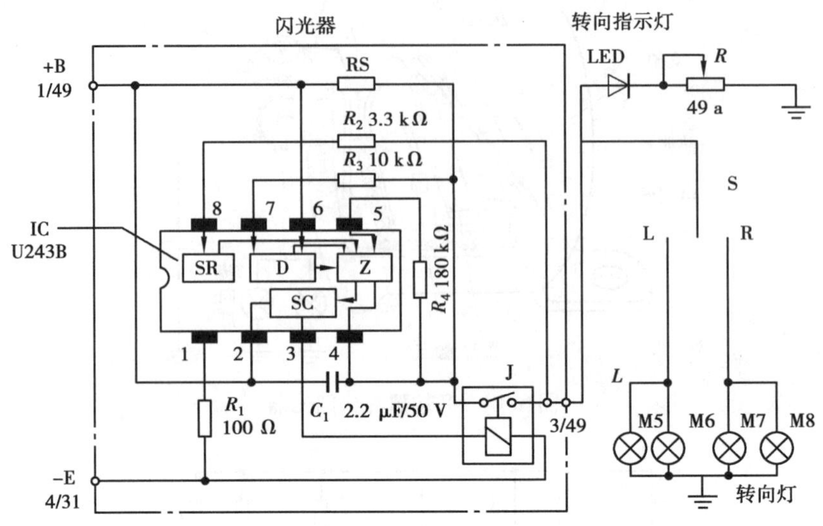

图 6.16　集成电路电子闪光器

SR—输入检测器;D—电压检测器;Z—振荡器;SC—输出极;RS—取样电阻;J—继电器

四、信号系统常见故障

1. 电喇叭常见故障

喇叭不响或音量、音质效果不好。

2. 转向灯和危险报警灯部分常见故障

全部信号灯常亮不闪烁、全部信号灯都不亮、一侧的信号灯工作不正常等。示廓灯、停车灯、制动灯、门灯等信号灯有灯不亮或亮度不够等常见故障。

任务三　了解仪表

一、仪表的作用

为了便于驾驶员正确使用汽车,随时了解汽车各个主要系统的工作情况,及时发现问题并采取措施,防止发生人身和机械事故,保证汽车可靠而安全的行驶,汽车上安装了一些仪表,用来反映汽车和发动机的重要运行状态参数。汽车上较常用的仪表有电流表或电压表、机油压力表、冷却水温度表(简称"水温表")、燃油表、转速表及车速里程表等。

二、仪表的组成和种类

电流表、电压表都由仪表直接测量显示，没有传感器；而机油压力表、水温表、燃油表都由指示表（俗称仪表）和传感器组成，首先通过传感器将压力、温度、油量等非电量信号转化为电量信号，然后再通过指示表显示出来；发动机转速表有的带转速传感器，有的直接测量显示。所有指示表都装在仪表板（又称仪表盘）上。

1. 按工作原理划分

（1）机械式仪表

机械式仪表是基于机械作用力而工作的仪表。

（2）电气式仪表

电气式仪表是基于电测原理，通过各类传感器将被测的非电量变换成电信号（模拟量）加以测量的仪表。

（3）模拟电路电子式仪表

模拟电路电子式仪表的工作原理与电气式仪表基本相同，只不过是用电子器件（分立元件和集成电路）取代原来的电气器件，现均采用各种专用集成电路。

（4）数字式仪表

数字式仪表由 ECU 采集传感器的信号，将模拟量转换为数字量，经分析处理后控制显示装置的仪表。数字式仪表具有指示精度高、重复性好、分度均匀、响应速度快，无抖动、品质稳定性、可靠性好和通用性好等优点，因此被广泛应用。

2. 按安装方式划分

（1）组合式仪表

组合式仪表是将各仪表组合安装在一起。

（2）分装式仪表

分装式仪表是将各仪表单独安装。

三、传统仪表

1. 机油压力表

机油压力表的作用是检测和显示发动机主油道的机油压力的大小，以防因缺机油而造成拉缸、烧瓦的重大故障发生。

机油压力表由机油压力传感器和机油压力指示表两部分组成。

机油压力指示表可分为电热式、电磁式和弹簧式 3 种。机油压力传感器可分为双金属片式和可变电阻式两种。常用的是电热式机油压力指示表配双金属片式机油压力传感器和电磁式机油压力指示表配可变电阻式机油压力传感器。

(1)电热式机油压力表与电热式机油压力传感器

①结构:电热式机油压力表也称为双金属片式机油压力表,其与电热式传感器的基本结构如图6.17所示。

②原理:如图6.17所示,当点火开关置“ON”时,电流流过双金属片的加热线圈,双金属片受热变形,使触点分开;随后双金属片冷却伸直,触点重又闭合。如此反复,电路中形成一脉冲电流,其波形如图6.18所示。

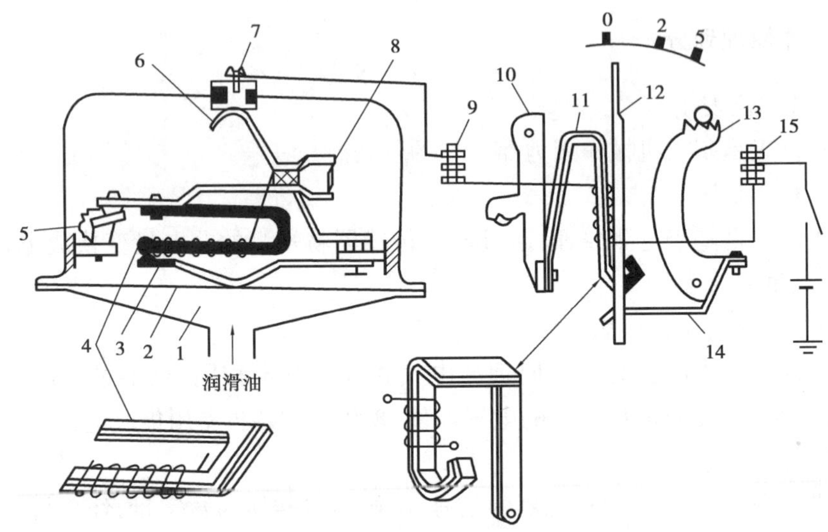

图6.17　电热式机油压力表与电热式机油压力传感器

1—油腔;2—膜片;3—弹簧片;4—双金属片;5—调节齿轮;6—接触片;
7—传感器接线柱;8—校正电阻;9—机油压力表传感器接线柱;10,13—调节齿扇;
11—双金属片;12—指针;14—弹簧片;15—机油压力表电源接线柱

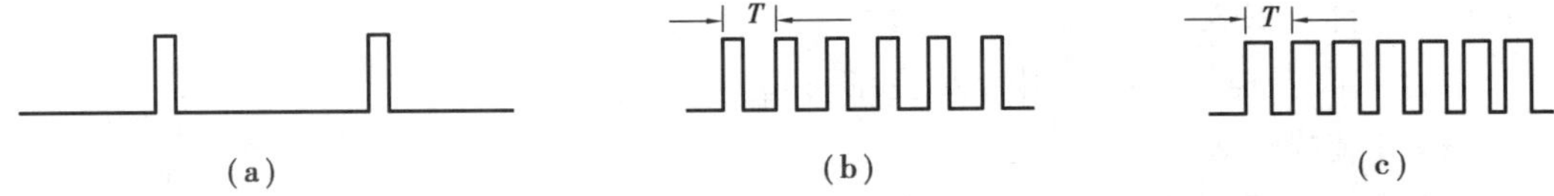

图6.18　电热式机油压力表加热线圈中电流的波形图

当油压降低时,传感器膜片变形小,触点压力小,闭合时间短,打开时间长,变化频率低,电路中平均电流小,双金属片弯曲变形小,指针偏摆角度小,指向低油压;反之,当油压升高时,指针偏摆角度大,指向高油压。

③使用:在安装传感器时,必须使传感器外壳上的箭头(安装记号)向上,不应偏出垂直位置30°。

发动机低速运转时,机油压力不应小于0.15 MPa;发动机高速运转时,机油压力不应超过0.5 MPa,正常压力应为0.2~0.4 MPa。

(2)电磁式机油压力表与可变电阻式机油压力传感器

①结构:电磁式机油压力表与可变电阻式机油压力传感器的基本结构如图6.19所示。

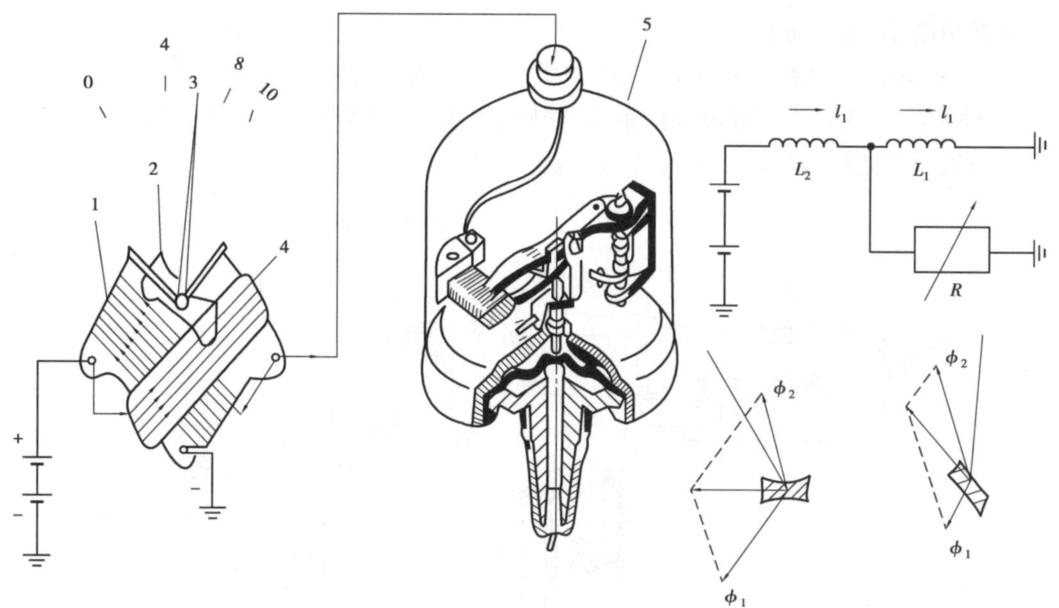

图 6.19　电磁式机油压力表与可变电阻式机油压力传感器的基本结构

1—L_1 线圈;2—铁磁转子;3—指针;4—L_2 线圈;5—可变电阻式机油压力传感器

②原理:如图 6.19 所示,当油压降低时,传感器的电阻值增大,线圈 L_1 中的电流减小,线圈 L_2 中的电流增大,转子带动指针随合成磁场的方向逆时针转动,指向低油压;当油压升高时,传感器的电阻值减小,线圈 L_1 中的电流增大,线圈 L_2 中的电流减小,转子带动指针随合成磁场的方向顺时针转动,指向高油压。

2. 冷却液温度表

冷却液温度表的作用是检测和显示发动机水套中冷却液的工作温度,以防因冷却液温度过高而使发动机过热。

冷却液温度指示表可分为电热式、电磁式和动磁式 3 种,冷却液温度传感器可分为双金属片式和热敏电阻式两种。常用的是电热式冷却液温度指示表配双金属片式传感器、电热式冷却液温度指示表配热敏电阻式传感器和电磁式冷却液温度指示表配热敏电阻式传感器 3 种。

(1)电热式冷却液温度指示表与双金属片式传感器

①结构:电热式冷却液温度指示表与双金属片式传感器的基本结构如图 6.20 所示。

②原理:当点火开关置“ON”时,电流流过加热线圈,双金属片受热变形使触点分离,切断电路;随后双金属片冷却伸直,触点重又闭合,电路又被接通,如此反复,电路中形成一脉冲电流。

当冷却液温度较低时,双金属片变形小,触点压力大,闭合时间长,打开时间短,电路中电流的平均值大,该电流流过指示表加热线圈,指示表的双金属片变形大,指针偏摆角度大,指向低温;反之,当水温较高时,传感器中双金属片向上翘曲变形大,触点压力小,闭合时间短,打开时间长,电路中电流的平均值小,指示表的双金属片变形小,指针偏摆角度小，指向高温。

(2)电热式冷却液温度指示表与热敏电阻式传感器

①结构：电热式冷却液温度指示表与热敏电阻式传感器的基本结构如图 6.21 所示。热敏电阻式传感器的主要元件为负温度系数的热敏电阻。

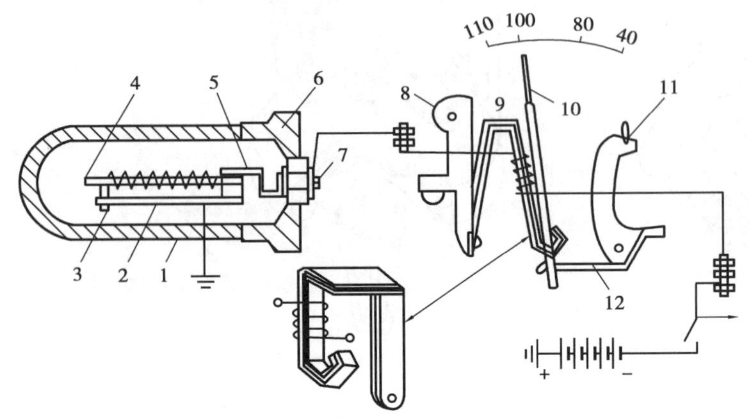

图 6.20 电热式冷却液温度指示表与双金属片式传感器的基本结构

1—铜壳；2—底板；3—固定触点；4,9—双金属片；5—接触片；6—壳；7—接线柱；8,11—调整齿扇；10—指针；12—弹簧片

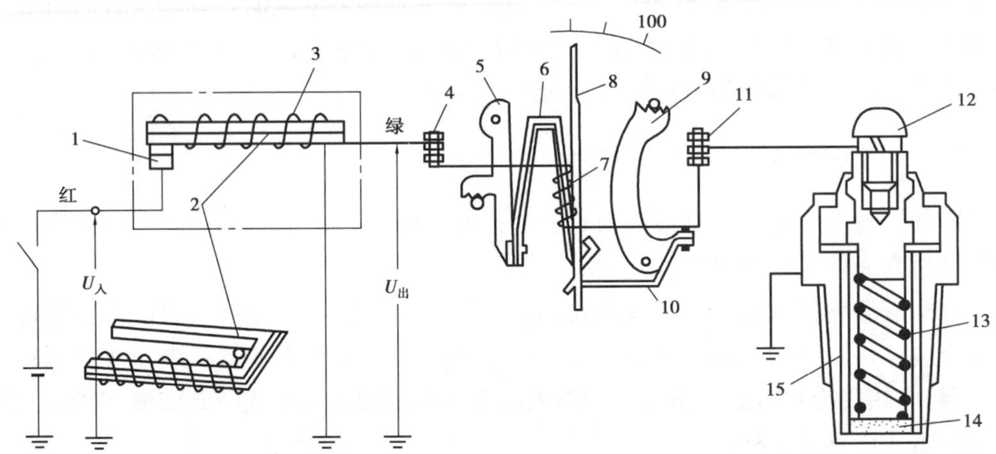

图 6.21 电热式冷却液温度指示表、热敏电阻式传感器与稳压器

1—触点；2—双金属片；3—加热线圈；4,11,12—接线柱；5,9—调解齿扇；6—双金属片；7—加热线圈；8—指针；10,13—弹簧；14—热敏电阻；15—外壳

②原理：当点火开关置“ON”时，电流流向：蓄电池正极→点火开关→电源稳压器→温度表双金属片的加热线圈→传感器接线柱→热敏电阻→传感器外壳→搭铁→蓄电池负极。

当发动机冷却液温度较低时，传感器的热敏电阻阻值大，电路中电流的平均值小，温度表的双金属片弯曲变形小，指针指向低温；反之，当冷却液温度升高时，热敏电阻阻值小，电路中电流的平均值大，温度表的双金属片弯曲变形大，指针指向高温。

由于电源电压变化影响仪表读数的准确性，因此，在这种电路中需配有电源稳压器。稳压器输出一脉冲电压，其电压波形如图 6.22 所示。当电源电压变化时，输出电压平均值保持稳定。该电源稳压器的输出电压为(8.64 ±0.15)V。

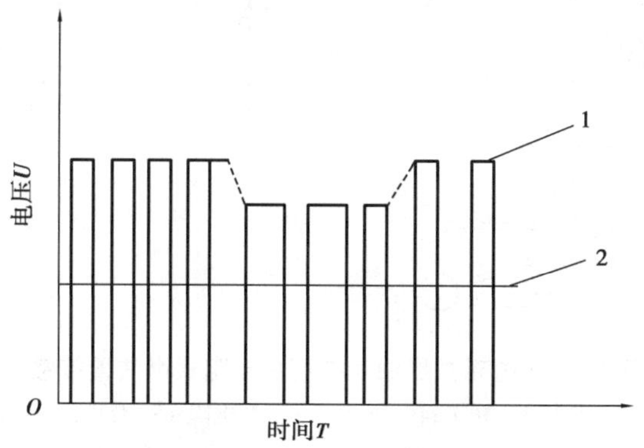

图 6.22　电源稳压器的电压波形

1—输入电压 $U_{入}$；2—输出电压 $U_{出}$

(3)电磁式冷却液温度指示表与热敏电阻式温度传感器

①结构：其基本结构如图 6.23 所示。

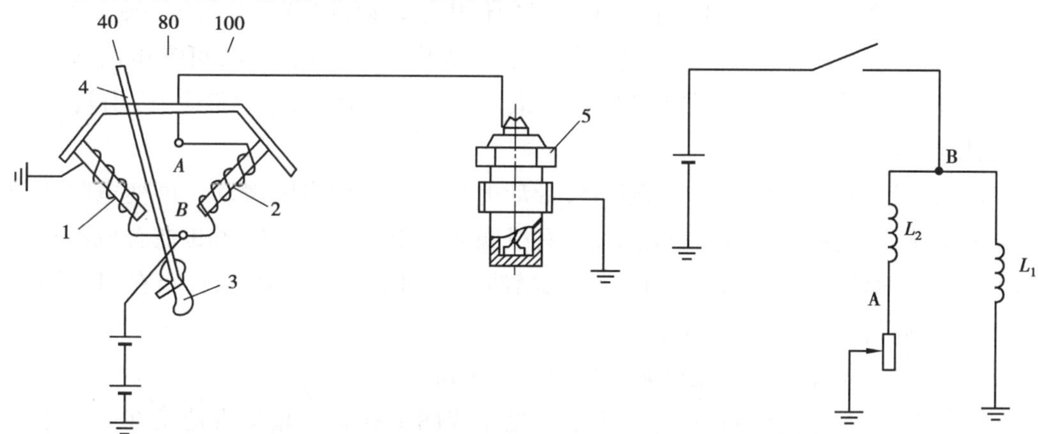

图 6.23　电磁式冷却液温度指示表与热敏电阻式温度传感器

1,2—线圈；3—转子；4—指针；5—传感器

②原理：当点火开关置"ON"时，左、右两线圈通电，各形成一个磁场，同时作用于软铁转子，转子便在合成磁场的作用下转动，使指针指在某一刻度上。

当冷却液温度降低时，传感器热敏电阻阻值增大，线圈中的电流变小，合成磁场逆时针转动，使指针指在低温处；反之，当冷却液温度升高时，传感器热敏电阻阻值减小，线圈中的电流增大，合成磁场顺时针转动，使指针指在高温处。

3. 燃油表

燃油表用来指示燃油箱内燃油的储存量。燃油表有电磁式、动磁式和电热式 3 种，传感器均为可变电阻式。

(1)电磁式燃油表与可变电阻式燃油量传感器

①结构：其基本结构如图 6.24 所示。

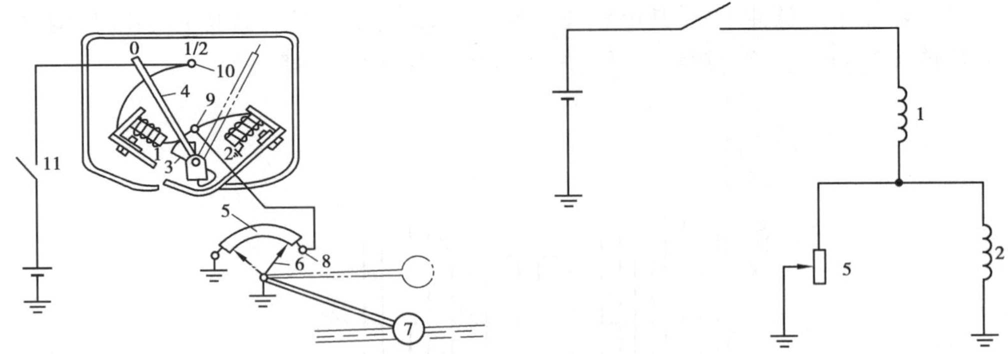

图 6.24　电磁式燃油表与可变电阻式燃油量传感器

1,2—线圈;3—转子;4—指针;5—可变电阻;6—滑片;7—接地

8—传感器接线柱;9,10—接线柱;11—点火开关

②原理:当点火开关置"ON"时,电流流向:蓄电池正极→点火开关11→燃油表接线柱10→左线圈1→接线柱9→右线圈2→搭铁→蓄电池负极。同时,另一电流流向:接线柱9→传感器接线柱8→可变电阻5→滑片6→搭铁→蓄电池负极。左线圈1和右线圈2形成合成磁场,转子3就在合成磁场的作用下转动,使指针指在某一刻度上。

当油箱无油时,浮子下沉,可变电阻5上的滑片6移至最右端,可变电阻5被短路,右线圈2也被短路,左线圈1的电流达最大值,产生的电磁吸力最强,吸引转子3,使指针停在最左面的"0"位上。

随着油箱中油量的增加,浮子上浮,带动滑片6沿可变电阻滑动。可变电阻5部分接入电路,左线圈1电流相应减小,而右线圈2中电流增大。转子3在合成磁场的作用下向右偏转,带动指针指示油箱中的燃油量。如果油箱半满,指针指在"1/2"位;当油箱全满时,指针指在"1"位。

(2)动磁式燃油表与可变电阻式燃油量传感器

①结构:其基本结构如图6.25所示。磁化线圈1和2互相垂直地绕在一个矩形塑料架上,塑料套筒轴承和金属轴穿过交叉线圈,金属轴上装有永久磁铁转子3,转子上连有指针4。

②原理:工作原理与电磁式燃油表基本相同。

(3)电热式燃油表与可变电阻式燃油量传感器

①结构:电热式燃油表的基本结构与电热式机油压力表相同,仅表盘刻度不同。电热式燃油表配用可变电阻式传感器,需串联一个稳压器。其基本结构如图6.26所示。

②原理:当油箱无油时,浮子下沉,滑片6处于可变电阻5的最右端,传感器的电阻全部串入电路中,此时电路中的电流最小,燃油表加热线圈2发热量小,双金属片3变形小,带动指针4指在"0"位。

当油箱内油量增加时,浮子上升,滑片向左移动,串入电路中的电阻减小,电路中的电流增大,燃油表加热线圈2发热量大,双金属片3变形增大,带动指针4向右偏转。

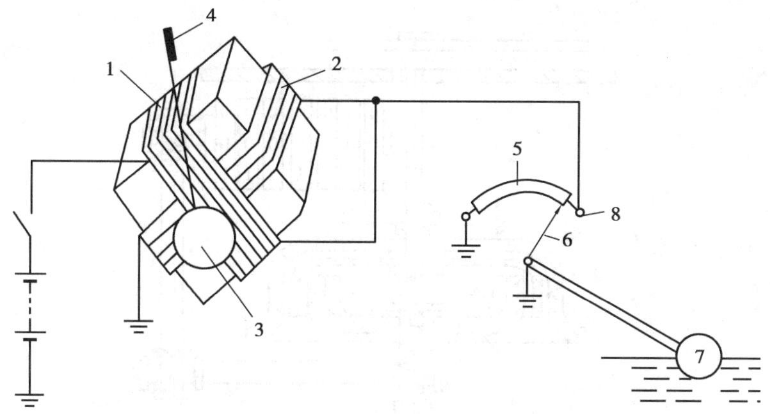

图 6.25　动磁式燃油表与可变电阻式燃油量传感器

1—左线圈;2—右线圈;3—永久磁铁转子;4—指针;
5—可变电阻;6—滑片;7—浮子;8—接线柱

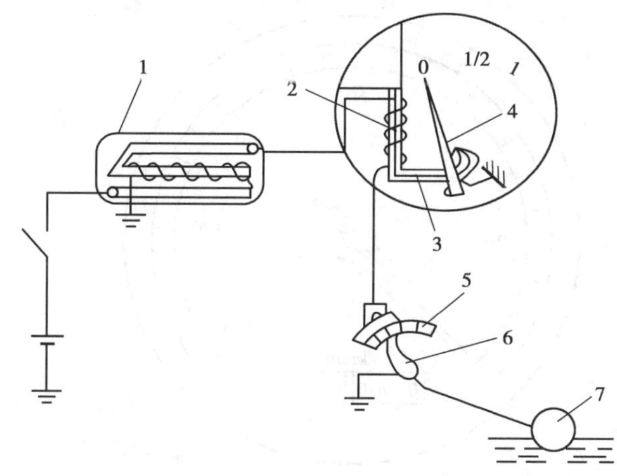

图 6.26　电热式燃油表与可变电阻式燃油量传感器

1—稳压器;2—加热线圈;3—双金属片;4—指针;5—可变电阻;6—滑片;7—浮子

当油箱充满时,滑片移至最左端,将可变电阻短路,此时电路中电流最大,指针偏到最右边,指在“1”处。

4. 车速里程表

车速里程表是用来指示汽车行驶速度和累计行驶里程数的仪表,可分为磁感应式和电子式两种。

(1)磁感应式车速里程表

①结构:磁感应式车速里程表由变速器(或分动器)内的蜗轮蜗杆经软轴驱动。其基本结构如图 6.27 所示。车速表是由与主动轴紧固在一起的永久磁铁 1,带有轴及指针 6 的铝碗 2、磁屏 3 和紧固在车速里程表外壳上的刻度盘 5 等组成。里程表由蜗轮蜗杆机构和 6 位数字的十进位数字轮组成。

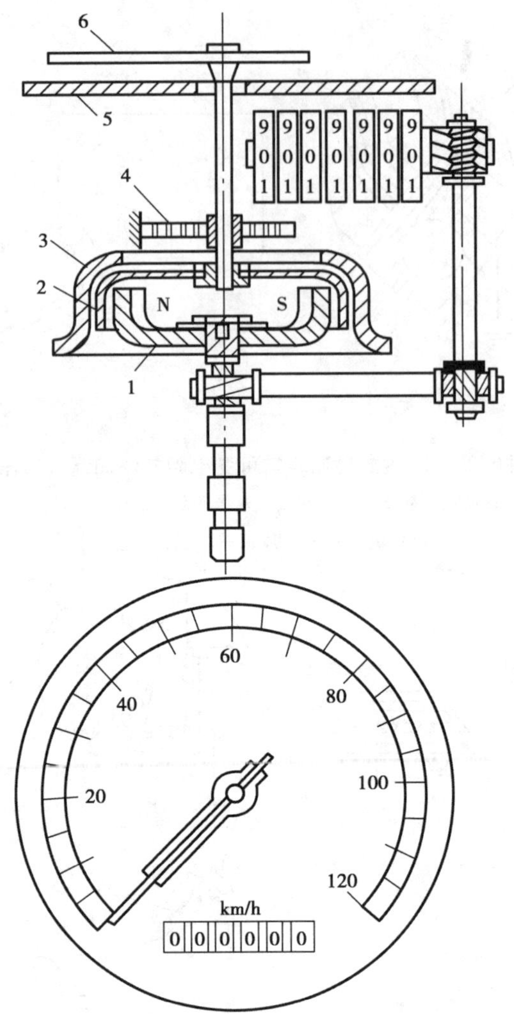

图 6.27　磁感应式车速里程表

1—永久磁铁;2—铝碗;3—磁屏;
4—盘形弹簧;5—刻度盘;6—指针

②车速表工作原理:不工作时,铝碗 2 在盘形弹簧 4 的作用下,使指针指在刻度盘的零位。

当汽车行驶时,主动轴带着永久磁铁 1 旋转,永久磁铁的磁力线穿过铝碗 2,在铝碗 2 上感应出涡流,铝碗在电磁转矩作用下克服盘形弹簧的弹力,向永久磁铁 1 转动的方向旋转,直至与盘形弹簧弹力相平衡。由于涡流的强弱与车速成正比,指针转过角度与车速成正比,指针便在刻度盘上指示出相应的车速。

③里程表工作原理:汽车行驶时,软轴带动主动轴,主动轴经 3 对蜗轮蜗杆(或 1 套蜗轮蜗杆和 1 套减速齿轮系统)驱动里程表最右边的第一数字轮。第一数字轮上的数字为 1/10 km,每两个相邻的数字轮之间的传动比为 1∶10,即当第一数字轮转动 1 周,数字由 9 翻转到 0 时,便使相邻的左面第二数字轮转动 1/10 周,成十进位递增。这样汽车行驶时,就可累计出其行驶里程数,最大读数为 99 999.9 km。

(2)电子式车速里程表

电子式车速里程表主要由车速传感器、电子电路、车速表和里程表4个部分组成。如图6.28所示为奥迪100型轿车的电子式车速里程表。

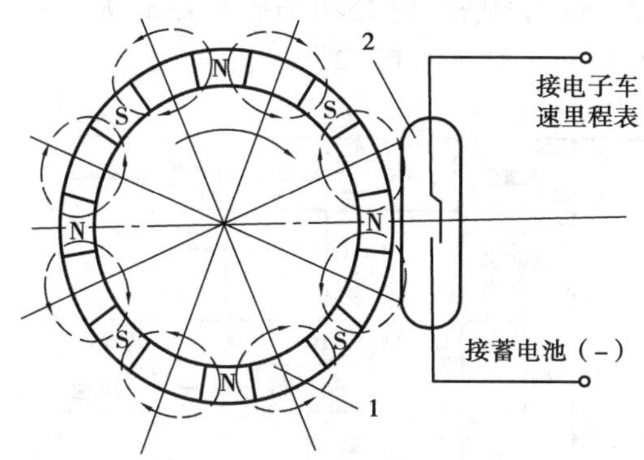

图6.28 电子式车速里程表的传感器

1—塑料环;2—舌簧开关管

①车速传感器。其作用是产生正比于车速的电信号。

它由一个舌簧开关和一个含有4对磁极的转子组成。变速器驱动转子旋转,转子每转一周,舌簧开关中的触点闭合、打开8次,产生8个脉冲信号,该脉冲信号频率与车速成正比。

②电子电路。其作用是将车速传感器输入的电信号整形、触发,输出一个电流大小与车速成正比的电流信号(图6.29)。

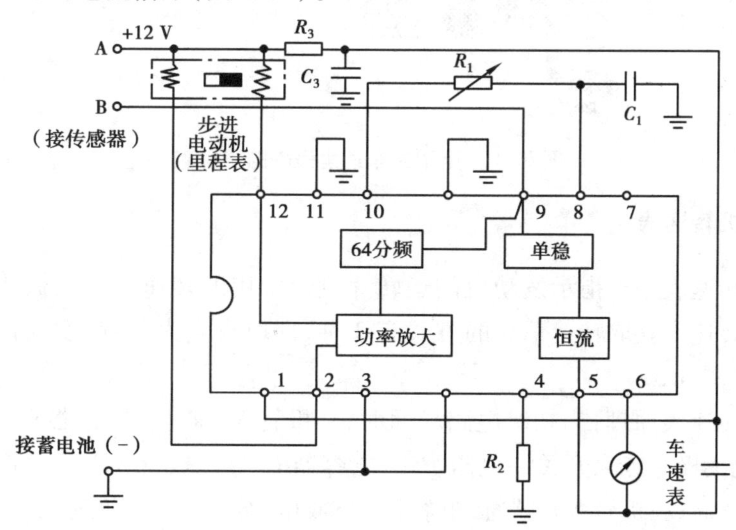

图6.29 电子式车速里程表的电子电路

电子式车速里程表的电子电路的基本组成主要包括稳压电路、单稳态触发电路、恒流源驱动电路、64分频电路和功率放大电路。

③车速表。它是一个电磁式电流表，当汽车以不同车速行驶时，从电子电路接线端6输出的与车速成正比的电流信号便驱动车速表指针偏转，即可指示相应的车速。

④里程表。它由一个步进电动机和6位数字的十进位数字轮组成(图6.30)。车速传感器输出的信号，经64分频后，再经功率放大器放大到足够的功率，驱动步进电动机，带动数字轮转动，从而记录行驶里程。

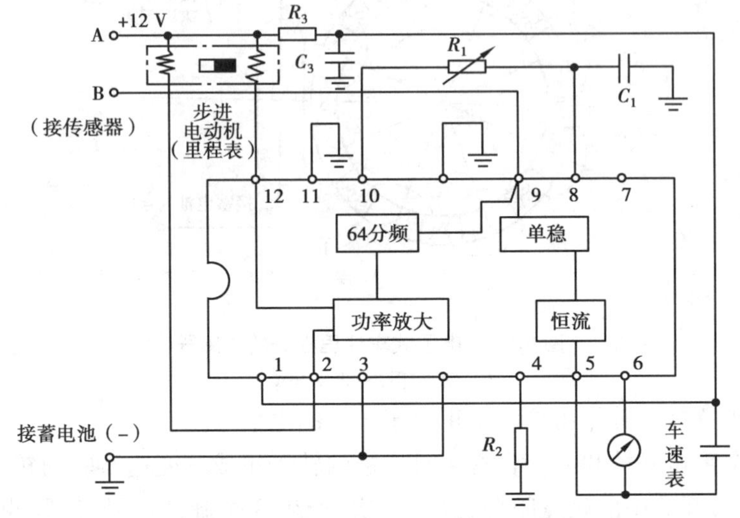

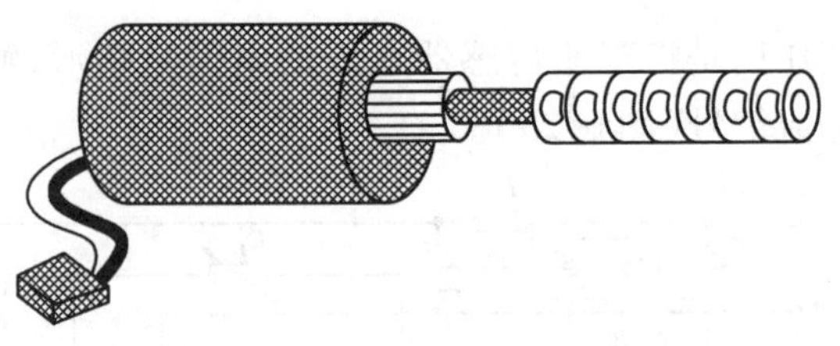

图6.30 电子式车速里程表的里程表

5.发动机转速表

发动机转速表用于指示发动机的运转速度。常用的转速表有机械式和电子式两种。电子式转速表获取转速信号的方式有3种，即取自点火系统、发动机的转速传感器和发电机(图6.31)。

发动机转速表原理：当初级电路导通时，三极管VT截止，电容器 C_2 被充电，充电电流：蓄电池正极→点火开关→电阻 R_3→电容器 C_2→二极管 VD_2→蓄电池负极。当初级电路截止时，三极管VT导通，电容器 C_2 放电，放电电流：通过三极管VT→电流表→二极管 VD_1。当发动机工作时，点火系统初级电路不停地导通与截止，电容器 C_2 不停地充放电。因为初级电路通断的次数与发动机转速成正比，所以电流表中电流平均值与发动机转速成正比，从而可用电流平均值标定发动机的转速。

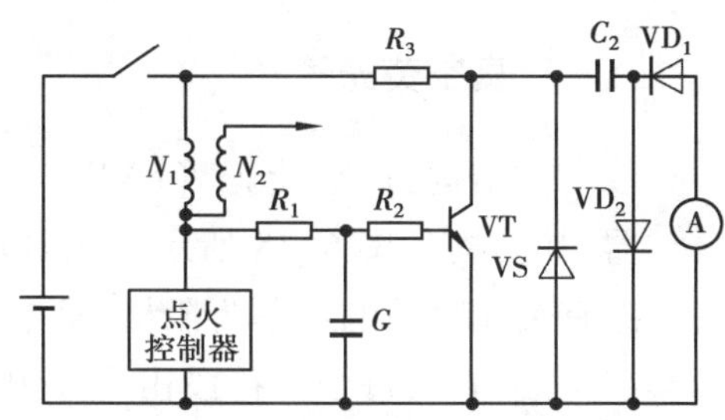

图 6.31　电子式转速表电路原理

四、电子仪表

电子仪表与传统仪表采用的传感器结构和原理基本相同，二者的本质区别在于指示表（显示装置）的结构和工作原理不同。电子仪表借助各种电子显示器件和有关电路，实现数字显示、模拟指针显示、图像和曲线显示等不同显示形式。利用数字式显示可以实现一组数字进行分时显示不同内容，提高了显示精度、增加了显示内容，具有一表多用之功能，有利于使仪表盘简化。利用模拟指针显示，增加了显示色彩，改善了显示效果；图像和曲线显示醒目、直观，便于分析（图 6.32）。

图 6.32　电子仪表

电子显示器件可分为发光型（主动发光型）和非发光型（被动发光型）两大类。

发光型的显示器件有发光二极管（LED）、真空荧光管（VFD）、阴极射线管（CRT）、等离子显示器件（PDP）和电致发光显示器件（ELD）等。

非发光型的显示器件有液晶显示器（LCD）等。下面介绍常见的几种显示器件。

1. 发光二极管

发光二极管简称 LED，它是由镓、砷、磷、氮等化合物制作而成的。发光二极管是半导体二极管的一种，可以把电能转化成光能。发光二极管与普通二极管一样是由一个 PN 结组成，也具有单向导电性。当给发光二极管加上正向电压导通后，产生自发辐射的荧光，在电路及仪器中作为指示灯，或者组成文字或数字显示。

发光二极管的组成如图 6.33 所示，其发光二极管数码显示如图 6.34 所示。

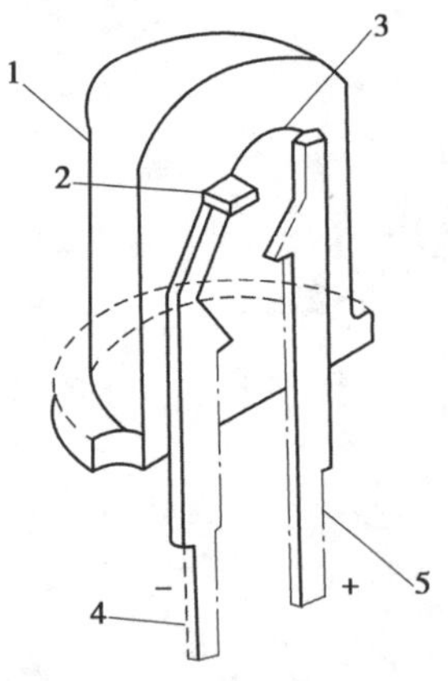

图 6.33　发光二极管的组成

塑料外壳;2—芯片;3—导线;4,5—引线

2. **真空荧光管**

①结构:真空荧光管(VFD)是最常用的发光型显示器,其结构如图 6.35 所示。钨灯丝为阴极,接电源负极;涂有荧光物质的屏幕为阳极,接电源正极。其上制有若干字符段图形,每个字符段由电子开关单独控制通电状态,栅格置于灯丝和屏幕之间,整个装置密封在被抽真空的玻璃罩内。

②原理:当阴极灯丝 1 通电时,灯丝发热,释放电子,电子被电位较高的栅格 2 吸引,并穿过栅格,均匀地打在电位最高的屏幕字符段 3 上。凡是由电子开关控制通电的字符段受电子轰击后发亮,而未通电的字符段发暗。这样通过控制字符段通电状态时,就可形成不同的显示数字。真空荧光管的工作原理如图6.36所示。

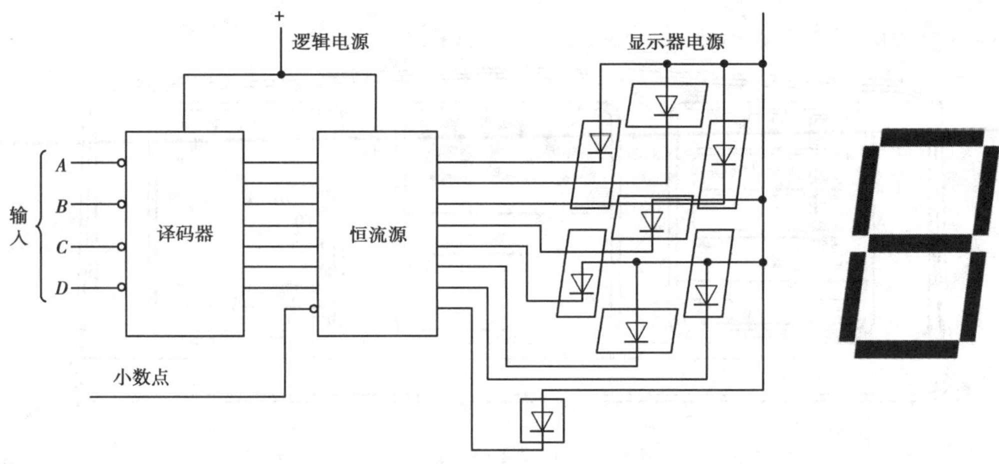

图 6.34　发光二极管数码显示

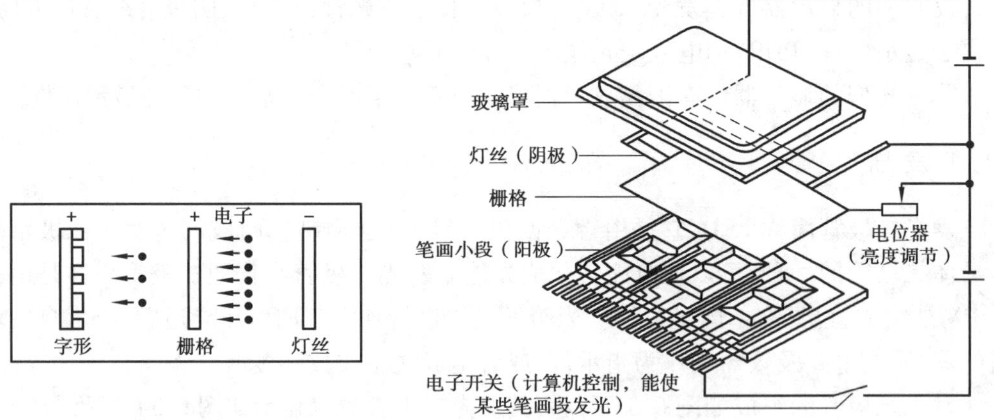

图 6.35　真空荧光管及显示屏

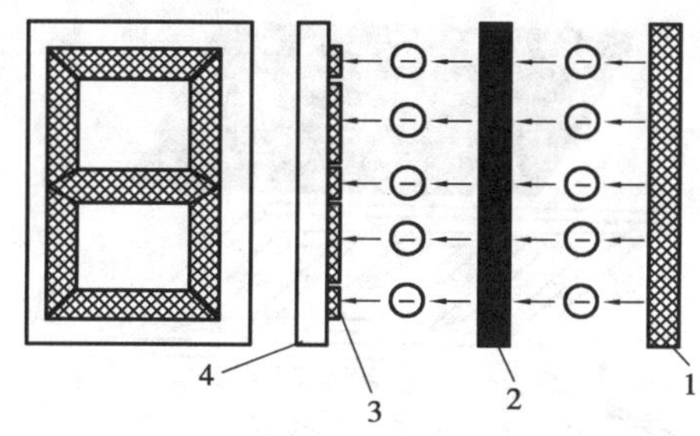

图 6.36　真空荧光管的工作原理

1—钨灯丝(阴极);2—栅格;3—字符段(阳极);4—屏幕

3. 电致发光显示器件

电致发光显示器件简称 ELD,是一种主动发光型、平板式、全固体的显示器件。它是一种电控发光器件,是某些物质受电子激发而发出光;也是一种冷光源,靠荧光粉在交变电场作用下的本征发光,但亮度低,寿命约为 5 000 h。电致发光显示器件的结构如图 6.37 所示。

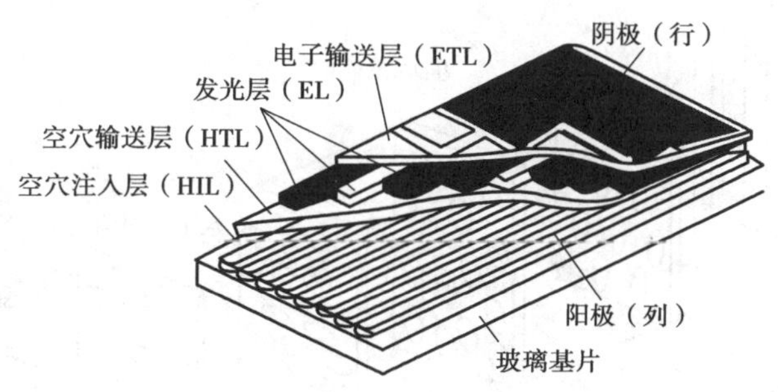

图 6.37　电致发光显示器件的结构

4. 液晶显示器

①结构:液晶显示器(LCD)是最常用的非发光型显示器,其结构如图 6.38 所示。前玻璃板 2 和后玻璃板 3 之间加有一层液晶,外表面贴有垂直偏光镜 1 和水平偏光镜 4,最后面是反射镜 5。

液晶显示器的优点:对比度受光源光线强度影响较小,工作电压约 3 V、功耗小,是单独的组装件,易于安装、保养,电板图形设计的自由度极高,工艺简单,成本低。

②原理:如图 6.39 所示,当液晶不加电场时,液晶的分子排列方式可将来自垂直偏光镜的垂直方向的光波旋转 90°,再经水平偏光镜后射到反射镜上,经反射后按原路回去,这时透过垂直偏光镜看液晶时,液晶呈亮的状态。

如图 6.40 所示,当液晶加一电场时,液晶的分子排列方式改变,不能将来自垂直偏光镜的垂直方向的光波旋转,不能通过水平偏光镜达到反射镜,这时透过垂直偏光镜看液晶时,液晶呈暗的状态。

这样将液晶制成字符段,通过控制每个字符段的通电状态,就可使液晶显示不同的字符。

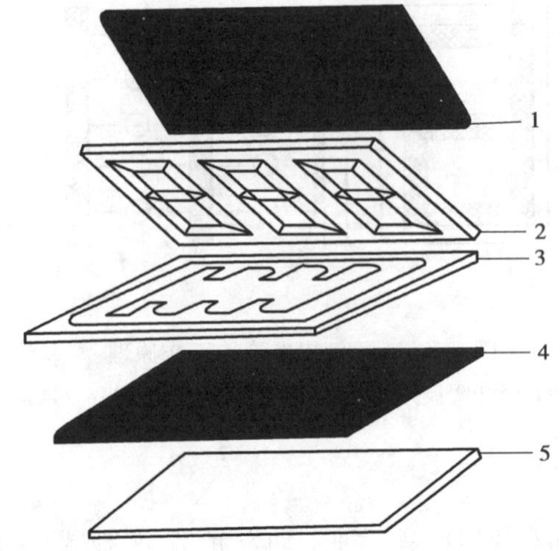

图 6.38　液晶显示器的结构

1—垂直偏光镜;2—前玻璃板;3—后玻璃板;4—水平偏光镜;5—反射镜

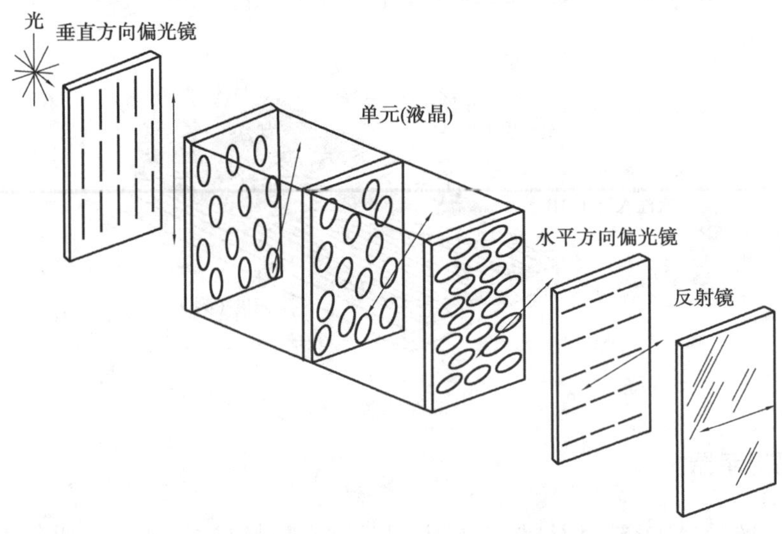

图 6.39　液晶不加电场时液晶显示器的工作原理

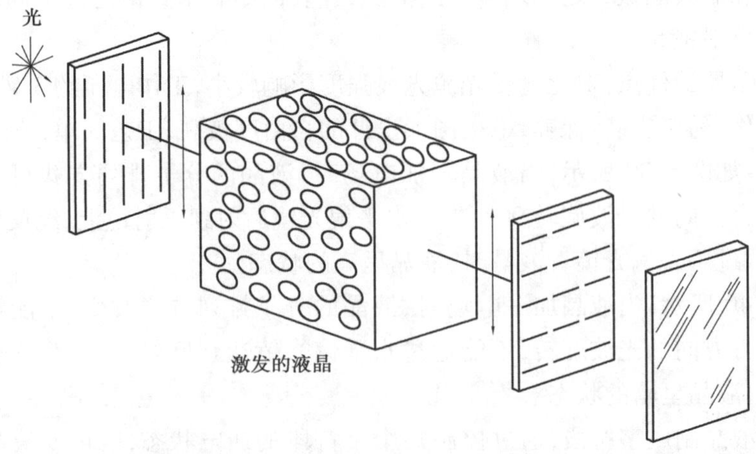

图 6.40　液晶加电场时液晶显示器的工作原理

五、仪表常见故障

1. 仪表部分的常见故障

仪表不工作和指示不准确(图 6.41)。

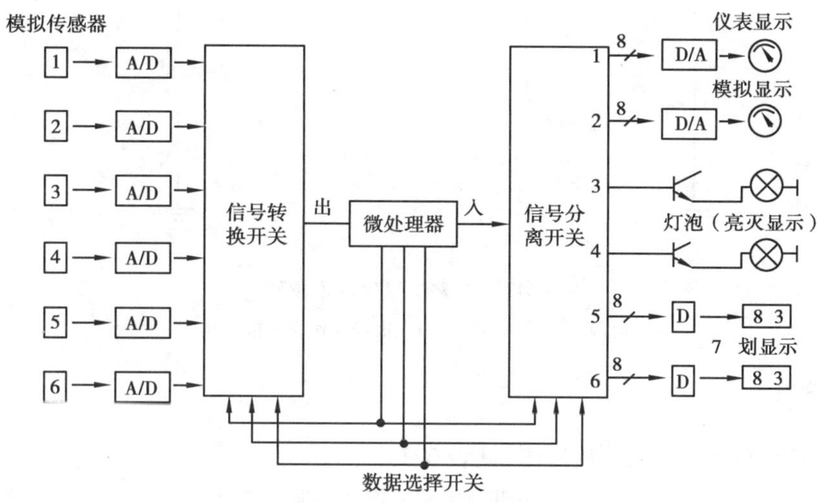

图 6.41　汽车电子仪表显示系统

2. 故障的主要原因

保险装置及线路断路和仪表、传感器及稳压电源故障等。如果个别仪表指示不准确,往往是仪表或传感器故障引起的。

任务四　了解报警信号装置

一、报警信号装置的作用

为了便于驾驶员随时了解汽车的工作情况,及时发现问题并采取措施,防止发生人身和机械事故,从而保证汽车可靠而安全地行驶,汽车上安装了一些报警信号装置,用来监测和反映汽车和发动机的一些重要系统的工作情况。

二、报警信号装置的组成

报警信号装置包括报警装置和信号装置。报警装置是在被监测的系统或总成工作或状态不正常时工作,提醒驾驶员注意,如水温报警灯、燃油液面报警灯等。信号装置是在被监测的系统或总成工作时工作,提醒驾驶员注意,如远光指示灯、转向指示灯等。

报警信号装置有灯光报警信号装置和音响报警信号装置两种。

三、报警装置和信号装置

报警装置的基本电路如图 6.42 所示。

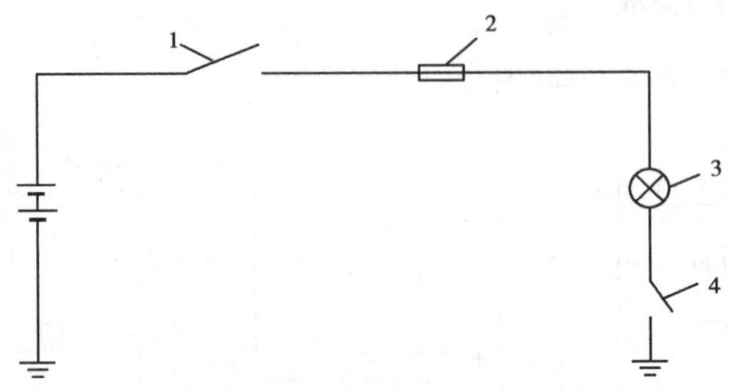

图 6.42　报警装置的基本电路

1—电源开关;2—熔断器;3—报警装置;4—报警开关

1. 报警灯

常见报警灯的图形符号及作用,见表 6.1。

表 6.1　常见报警灯的图形符号及作用

序号	名　称	图　形	颜　色	作　用
1	蓄电池液面过低报警灯		红	蓄电池的液面比规定量低时,灯亮
2	机油压力报警灯		红	发动机机油压力在 0.03 MPa 以下时,灯亮
3	充电指示灯		红	硅整流发电机不发电时,灯亮
4	预热指示灯		黄	点火开关闭合时灯亮,预热结束时灯灭
5	燃油滤清器积水报警灯		红	燃油滤清器内积水时,灯亮
6	远光指示灯		蓝	使用前照灯远光时,灯亮
7	散热器液量不足报警灯		黄	散热器的液量比规定的少时,灯亮
8	转向指示灯		绿	开转向灯时,灯亮

续表

序号	名　称	图　形	颜　色	作　用
9	驻车制动器报警灯	P	红	驻车制动器起作用时,灯亮
10	车轮制动器失效报警灯	!	红	制动器失效时,灯亮
11	燃油不足报警灯		黄	燃料余量约在 10 L 以下时,灯亮
12	安全带报警灯		红	当前排乘员没有系安全带的情况下,灯亮或闪烁
13	车门未关报警灯		红	车门打开或半开时,灯亮
14	制动灯或后位灯失效报警灯		黄	制动灯或后位灯断路时,灯亮
15	洗涤器液面过低报警灯		黄	洗涤器液面过低时,灯亮
16	安全气囊报警灯	AIR BAG	黄	安全气囊失效时,灯亮
17	制动防抱死失效报警灯	ABS	红	ABS 电控部分有故障时,灯亮
18	发动机故障报警灯	CHECK	红	发动机电控系统有故障时,灯亮

2. 蜂鸣器

倒车蜂鸣器的基本电路,如图 6.43 所示。带继电器的倒车信号电路,如图 6.44 所示。

3. 报警开关

(1)弹簧管式机油压力过低报警开关

弹簧管式机油压力过低报警开关,有一对常闭触点(图 6.45)。点火开关接通,在发动机未启动时,油压开关是接通的,报警灯亮。在发动机启动后,主油道压力升高,开关的触点断开,报警灯熄灭,表示润滑系统工作正常。运行中若主油道堵塞、泄漏等原因使机油压力过低时,开关接通,报警灯亮。

(2)膜片式机油压力过高报警开关

膜片式机油压力过高报警开关有一对常开触点(图 6.46)。润滑系统工作正常时,开关断开。若机油滤清器堵塞等原因使机油压力高于规定值时,开关接通、报警灯亮,表示压力过高。

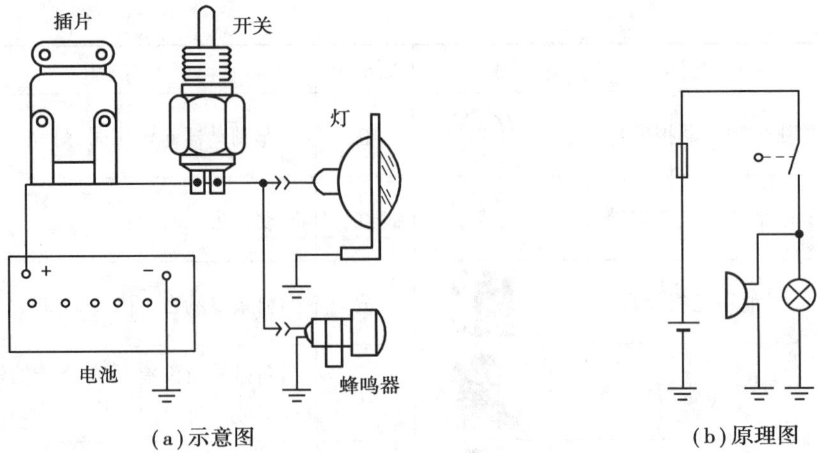

图 6.43　倒车蜂鸣器的基本电路

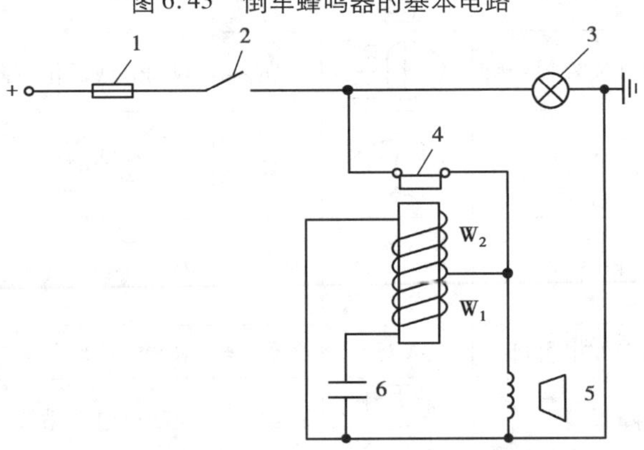

图 6.44　带继电器的倒车信号电路

1—熔断丝;2—倒车开关;3—倒车灯;4—继电器触点;5—喇叭;6—电容器

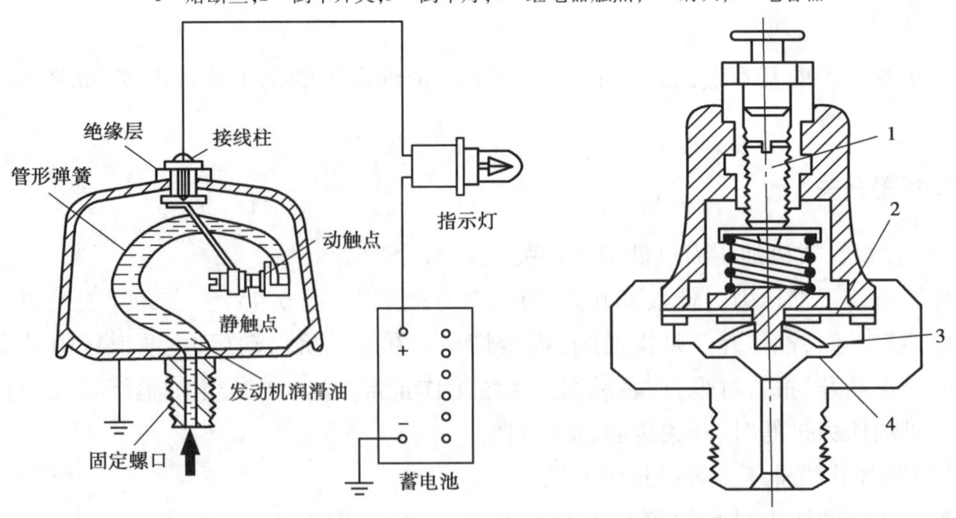

图 6.45　弹簧管式机油压力报警灯电路

图 6.46　膜片式机油压力过高报警开关

1—调整螺灯;2—膜片;

3—活动触片;4—接铁点

4. 常见图形符号

常见图形符号的含义，见表6.2。

表6.2　常见图形符号的含义

燃油	(水)温度	油压	充电指示	转向指示灯	远光
近光	雾灯	手制动	制动失效	安全带	油温
示廓(宽)灯	真空度	驱动指示	发动机室	行李室	停车灯
危急报警	风窗除霜	风机	刮水/喷水器	刮水器	喷水器
车灯开关	阻风门	喇叭	点烟器	后刮水器	后喷水器

任务五　了解辅助电器系统

一、刮水器

1. 刮水器的作用及结构

刮水器的作用是除去挡风玻璃上的水、雪及沙尘，保证在不良天气时驾驶员仍具有良好的视野。刮水器的结构如图6.47所示。

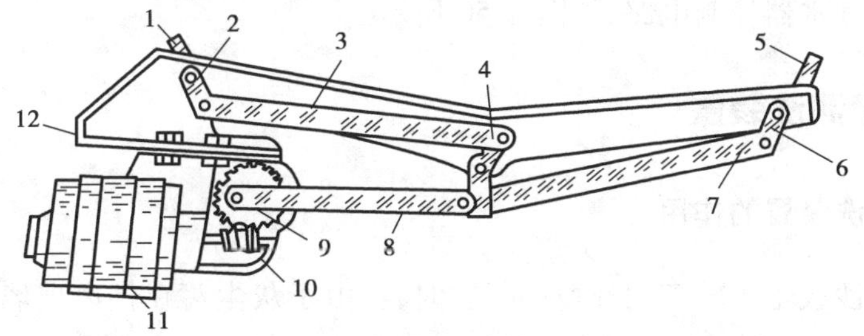

图6.47　刮水器的结构

1,5—刮片架；2,4,6—摆杆；3,7,8—连杆；
9—蜗轮；10—蜗杆；11—永磁式电动机；12—支架

2. 三刷式电动机变速原理

三刷式电动机变速原理,如图 6.48 所示。

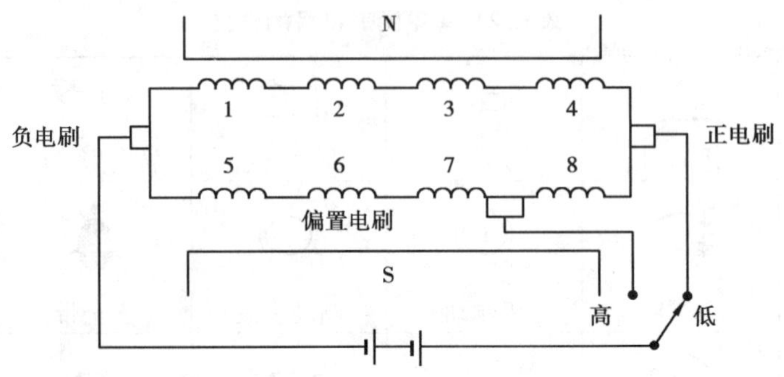

图 6.48　三刷式电动机变速原理

3. 永磁式双速刮水器控制电路

永磁式双速刮水器控制电路,如图 6.49 所示。

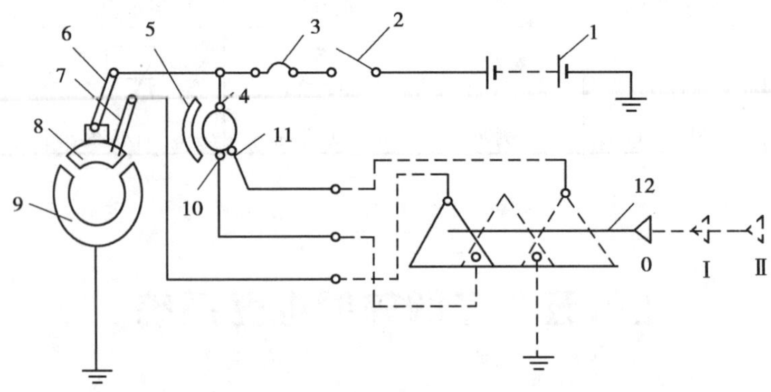

图 6.49　永磁式双速刮水器控制电路

1—蓄电池;2—电源开关;3—熔丝;4,10,11—电刷;5—永久磁铁;
6,7—自动复位触片;8,9—自动复位滑片;12—刮水器开关

4. 电子间歇刮水器控制电路

电子间歇刮水器控制电路,如图 6.50 所示。

二、风窗清洗装置

1. 风窗清洗装置的作用

汽车在风沙或尘土较多的环境中行驶时,会由于灰尘落在挡风玻璃上而影响驾驶员的视线。因此,很多汽车的刮水系统中安装了清洗装置,必要时向挡风玻璃喷水或专用清洗液(北方地区冬季不宜用水,以免冻裂储液罐或输液管),在雨刷器的配合下,保持挡风玻璃洁净。

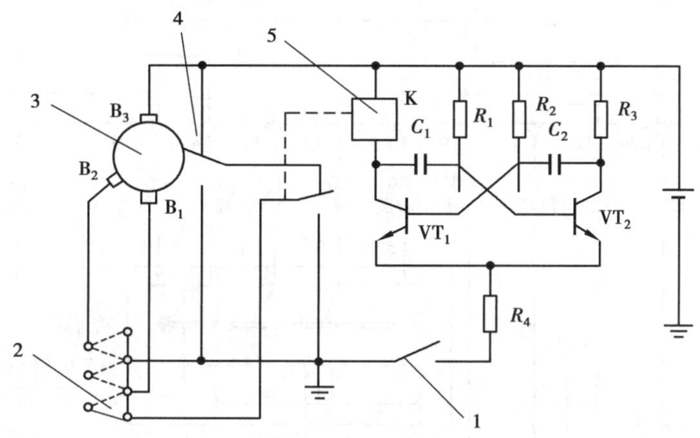

图 6.50 电子间歇刮水器控制电路

1—间歇刮水开关;2—刮水器开关;3—刮水电机;4—自停开关;5—继电器

2. 风窗清洗装置的结构

风窗清洗装置的结构如图 6.51 所示。刮水及清洗装置控制电路如图 6.52 所示。

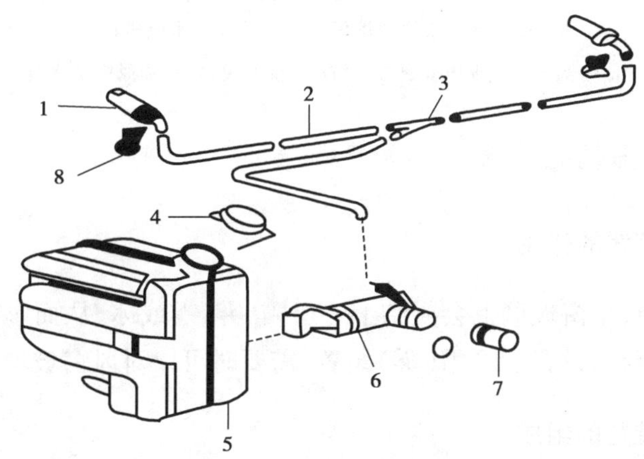

图 6.51 风窗清洗装置的结构

1—喷嘴;2—输液管;3—三通接头;4—箱盖;

5—储液罐;6—清洗泵;7—衬垫;8—卡座

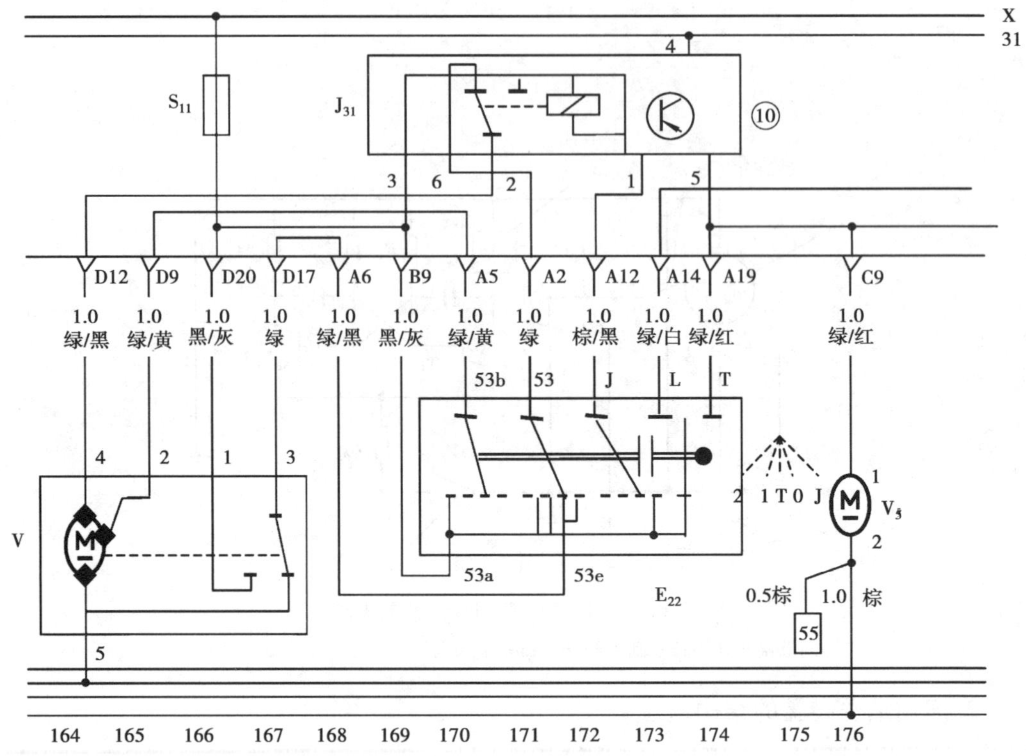

图 6.52　刮水及清洗装置控制电路

S_{11}—刮水洗涤器熔丝；V—前风窗刮水电机；

J_{31}—刮水间歇继电器；E_{22}—刮水洗涤开关；V_5—前风窗洗涤泵

三、后窗除霜装置

1. 后窗除霜装置的作用

在较冷的季节，车窗玻璃上会凝结上一层霜、雾、雪或冰，从而影响驾驶员的视线。为了避免水蒸气凝结，设置了除霜（雾）装置，需要时可以对风窗玻璃加热。

2. 后窗除霜装置的组成

后窗除霜装置的组成，如图 6.53 所示。

四、汽车电磁波干扰及防止

1. 汽车电磁波产生的原因及主要干扰源

（1）汽车电磁波产生的原因

汽车电器设备中的导线、线圈和电子元件，具有电感和电容，任何一个具有电感和电容的回路都会形成振荡回路。

当电器设备工作产生火花时，会产生高频振荡并以电磁波形式发射出去，对附近

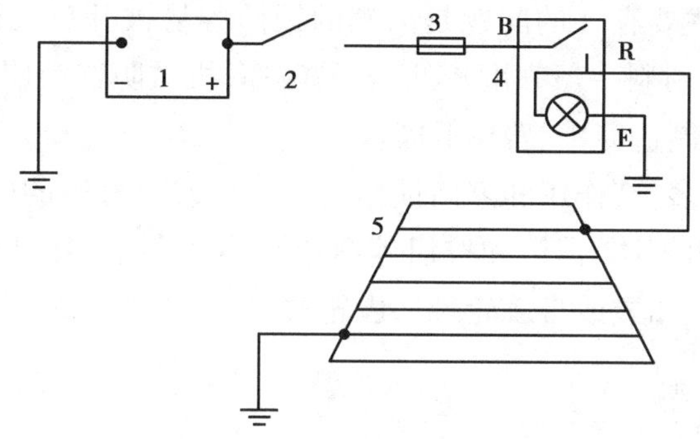

图 6.53 后窗除霜装置的组成

1—蓄电池;2—点火开关;3—熔丝;4—除霜器开关及指示灯;5—除霜器(电热丝)

的电器装置产生干扰。

(2)汽车电磁波的主要干扰源

汽车电磁波的主要干扰源有汽车点火系统、发动机负载突变和整流、起动机、电喇叭和仪表系统等。

(3)汽车电磁波的特征

汽车电磁波的特征为脉冲、宽频带(0.15 ~1 000 MHz)。

(4)汽车电磁波的传输形式

汽车电磁波的传输形式有传导和辐射两种。

2. 防干扰措施

①加阻尼电阻。在点火装置中,一般加在点火线圈端和火花塞接头端。

②加并联电容。在可能产生火花处并联电容。

③金属屏蔽。金属网屏蔽并接地。

④感抗型高压阻尼线。相当于 LCR(既存在电阻,也存在电感、电容)的复合体。

五、汽车防盗系统

汽车防盗系统是指为防止汽车本身或车上的物品被盗所设的系统。

1. 汽车防盗系统的基本组成

汽车防盗系统由遥控器(钥匙)、电子控制电路、报警装置、执行机构等组成。

2. 汽车防盗系统的分类

汽车防盗系统按其发展过程可分为机械锁防盗装置、机电式防盗装置和电子防盗装置 3 个阶段。

3. 机械锁防盗装置

机械防盗锁是靠其坚固的金属材质,来锁止汽车的操纵装置(如转向盘、变速器操纵杆等)或车门。其主要存在的问题是门锁的锁筒容易被开启或被撬;被锁汽车操纵装置(如变速杆等)的材料一般强度较低,容易破坏;机械防盗锁使用也不方便,同时防盗不可靠。其优点是制造简单、费用低廉。

机械门锁种类繁多,其作用和家门锁相同。货车或吉普车的门锁结构与家门的门锁大致相同,即多是由锁体、锁筒和按钮等组成。小轿车车门的机械锁与家门有所不同的是,将锁舌变为锁扣式或带棘轮棘爪齿轮式。

4. 机电式防盗装置

机械门锁虽说有造价低等优点,但是由于它的防盗作用很差,已逐渐被淘汰。随着科学的进步,出现了机电一体式的防盗装置——中央门锁。

中央门锁是用电来控制门锁的开启或锁止,并由驾驶员集中控制所有车门门锁的锁止或开启。中央门锁系统具有以下功能:

①当锁住(或打开) 驾驶员侧车门门锁时,其他几个车门及行李箱都能锁止(或打开);如钥匙锁门也可锁好(或打开)其他车门和行李箱。

②在车内个别门锁需要打开时,可分别拉开各自门锁的按钮。

(1)中央门锁的组成

中央门锁主要由控制电路和执行机构等组成。

(2)控制电路

控制电路主要由门锁开关、定时装置和继电器等组成。

(3)中央门锁执行机构

中央门锁执行机构的作用是执行驾驶员的指令,将门锁锁止或开启。门锁执行机构常见的有电磁线圈式、电动机式和永磁型电动机式。

5. 电子式防盗系统

随着电子技术的发展,在轿车上电子门锁应用也越来越广泛。汽车电子防盗系统是在原有中央门锁的基础上加设了防盗系统的控制电路,以控制汽车移动的同时并报警。电子防盗系统是目前较为理想的防盗装置。如果有行窃者盗窃汽车或车上的物品,防盗系统不仅具有切断启动电路、点火电路、喷油电路、供油电路和变速电路以及将制动锁死等功能,同时,还会发出不同的求救声光信号,阻止窃贼行窃。

总之,电子防盗系统是具有报警、切断发动机点火电路、油路、控制制动和变速等功能的防盗系统。

(1)电子防盗系统的类型

根据电子技术先进程度、汽车豪华程度和生产条件等的不同,防盗系统的种类繁多。电子防盗系统按驾驶员控制方式分有钥匙式和遥控式两种;按防盗功能和防盗程度的不同,又可分为报警和防止汽车移动、卫星跟踪全球定位防盗系统等。

(2)电子防盗系统类型的选择

①钥匙控制式防盗系统。

②遥控式防盗系统。

③报警式防盗系统。

④具有防盗报警和防止车辆移动式防盗系统。

⑤电子跟踪防盗系统。

【项目小结】

(1)照明系统的作用是保证汽车在各种条件(夜间行车、车厢照明、仪表照明及检修照明)下安全行驶。

(2)汽车照明系统由电源、照明装置及其控制部分等组成。

(3)汽车信号系统的作用是通过声、光信号向其他车辆的驾驶员和行人发出有关车辆运行状况或状态的信息,以引起有关人员注意,确保车辆行驶和行人的安全。

(4)汽车信号系统由声响信号装置和灯光信号装置组成。

(5)仪表的作用是便于驾驶员随时了解汽车各个主要系统的工作情况,正确使用汽车,及时发现问题、采取措施,防止发生人身和机械事故,保证汽车可靠而安全的行驶。

(6)汽车上较常用的仪表有电流表或电压表、机油压力表、冷却水温度表、燃油表、转速表及车速里程表等。

(7)刮水器的作用是除去挡风玻璃上的水、雪及沙尘,保证在不良天气时驾驶员仍具有良好的视野。

(8)汽车防盗系统由遥控器(钥匙)、电子控制电路、报警装置、执行机构等组成。

【习　题】

一、填空题

1. 前照灯也称为大灯或头灯,主要用于夜间行车时道路照明,灯光为________色。

2. 近光灯在会车时和市区内使用,避免迎面来车驾驶员眩目,又保证车前道路________ m 内的路面照明。

3. 汽车照明系统由电源、____________及其控制部分等组成。

4. 机油压力表的作用是________________________________。

5. 机油压力指示表可分为________、电磁式和________ 3 种。

6. 冷却液温度指示表可分为________、________和动磁式 3 种。

7. 燃油表用来________,传感器为________。

8. 发光型的显示器件有________、真空荧光管(VFD)、________、等离子显示器件(PDP)和________等。

9. 刮水器的作用是________________________________。

10. 汽车防盗系统由________、电子控制电路、________、执行机构等组成。

二、选择题

1. 能将反射光束扩展分配,使光形分布更适宜汽车照明的器件是(　　)。

A. 反射镜　　B. 配光镜　　C. 配光屏　　D. 钨灯

2. 制动灯灯光的颜色应为(　　)。

A. 红色　　B. 黄色　　C. 白色　　D. 橙色

3. 远光灯用于保证车前道路(　　)明亮均匀的照明。

A. 30 m 以外　　B. 60 m 以外　　C. 100 m 以外　　D. 120 m 以外

4. (　　)是夜间行车时向后方标志汽车存在的灯具。

A. 停车灯　　B. 尾灯　　C. 示宽灯　　D. 制动灯

5. 汽车信号系统的作用是通过(　　)向其他车辆的司机和行人发出警示,引起注意,确保车辆行驶的安全。

A. 信号和灯光　　B. 声响和报警信号

C. 灯光和报警信号　　D. 声响和灯光

三、简答题

1. 简述照明系统的作用。
2. 简述液晶显示屏发光的原理。
3. 前照灯不亮的原因有哪些?
4. 常见的汽车仪表有哪些?

参考文献

[1]凌永成,李淑英. 汽车电气设备[M].2 版. 北京:北京大学出版社,2010.
[2]宋波舰. 汽车电气设备[M]. 江苏:江苏教育出版社,2011.
[3]麻良友. 电子点火系统原理与检修[M]. 沈阳:辽宁科学技术出版社,1997.
[4]边焕鹤. 汽车电气设备维修手册[M]. 北京:机械工业出版社,1997.
[5]张永玉. 常见轿车电气系统结构原理与检修[M]. 北京:机械工业出版社,2004.
[6]付百学. 汽车电子控制技术(下)[M]. 北京:机械工业出版社,2010.
[7]周建平. 汽车电气设备构造与维修[M]. 3 版. 北京:人民交通出版社,2016.
[8]张新智. 北京吉普切诺基的构造、使用与维修[M]. 北京:宇航出版社,1994.
[9]金惠云. 汽车维修电工(初级)[M]. 2 版. 北京:中国劳动社会保障出版社,2007.
[10]李春明. 汽车电器设备与维修[M]. 北京:高等教育出版社,2005.
[11]王怀玲,张君. 汽车电器设备构造与维修[M]. 西安:西北工业大学出版社,2010.
[12]王冬良. 理实一体化教学在"汽车电器设备与维修"课程中的应用[J]. 南京工业职业技术学院学报,2010,10 (4):81-83.